SEBASTIAN SCHAUERMANN FABIAN BJÖRNSTJERNA

100 *Fingerfoods*

JAN THORBECKE VERLAG

100
Fingerfoods

VERLAGSGRUPPE PATMOS

PATMOS
ESCHBACH
GRÜNEWALD
THORBECKE
SCHWABEN

Die Verlagsgruppe
mit Sinn für das Leben

MIX
Papier aus verantwortungsvollen Quellen
FSC® C128922
FSC www.fsc.org

Für die Schwabenverlag AG ist Nachhaltigkeit ein wichtiger Maßstab ihres Handelns.
Wir achten daher auf den Einsatz umweltschonender Ressourcen und Materialien.

Umschlaggestaltung: Finken & Bumiller, Stuttgart
Satz: Schwabenverlag AG, Ostfildern
Druck: Himmer GmbH Druckerei, Augsburg
Hergestellt in Deutschland
ISBN 978-3-7995-1156-8

INHALT

SEBASTIAN SCHAUERMANN

ist als Koch, Schriftsteller, Wirt, Food-Stylist, Weinimporteur und Berater in Stockholm tätig. Er begann vor ungefähr 30 Jahren als Koch, war Küchenmeister im damaligen Restaurant „Rolfs Kök“ und betrieb viele Jahre lang das Restaurant „FOOD“ zusammen mit seinem Partner Guy Taylor. Inzwischen betreibt er ein Foodstudio und eine Event-Location.

FINGERFOOD IST SO VIEL MEHR ALS NUR SCHNITTCHEN!

FINGERFOOD IST EINE MISCHUNG AUS STREETFOOD, FINE DINING UND SNACKS – DAS NEUE PARTYESSEN, DAS ES EINFACHER, GÜNSTIGER UND LEICHTER MACHT, LEUTE EINZULADEN. DENN HIER MÜSSEN SIE WEDER BESTECK NOCH TELLER ODER SITZPLÄTZE ORGANISIEREN. EIN PAAR SERVIETTEN REICHEN!

Ich habe Tausende von Festen arrangiert, und die Idee zu diesem Buch wurde geboren, als ich allmählich immer mehr Anfragen für verschiedene Arten von Fingerfood bekam. Ich ging alle meine alten Rezepte durch, um Inspiration für neue Variationen zu bekommen. Hier bekommen Sie 100 der besten.

Schnittchen sind natürlich auch dabei. Brotvarianten sind das einfachste Essensformat der Welt – so ist es eben. Aber Fingerfood können auch Muscheln auf einem Teller oder ein würziges to-share in Form eines leckeren Dips oder marinierten Fisches in einer großen Schüssel sein, die man sich teilt, wie es die Italiener tun. Dafür liebe ich Italien!

Vieles kann man im Voraus zubereiten und die Komponenten zusammensetzen, wenn die Gäste angekommen sind oder kurz davor. Servieren Sie Fingerfood zu einem Cocktail oder ein ganzes Mittagsmenü! Für Cocktails oder eine leichtere Mahlzeit sollte man drei Stück Fingerfood pro Person rechnen. Zum Abendessen reichen sechs Stück plus etwas Süßes zum Abschluss. Auch wenn jedes kleine Stück in ein oder zwei Bissen gegessen ist, werden die Gäste satt, das verspreche ich Ihnen! Servieren Sie entweder sechs verschiedene Gerichte plus das Süße oder zwei Gleiche.

Und noch etwas: Mischen Sie die Geschmäcker, wie Sie wollen, denken Sie frei, das habe ich selbst getan, als ich die Rezepte erfunden habe. Lassen Sie sich inspirieren, Sie müssen den Rezepten nicht sklavisch folgen. Wählen Sie die Pfeffer- oder Essigsorte selbst (wenn es nicht anders da steht), würzen Sie nach Ihrem eigenen Geschmack, verwenden Sie Ihren Lieblingskäse oder das Gemüse, das Sie gerade zu Hause haben …

Denken Sie daran, dass es beim Kochen nicht um exakte Maßangaben geht, sondern um Gefühl und Geschmack. Ja, Essen soll geschaffen und nicht kopiert werden, wie der bekannte Restaurantier Tore Wretman einmal gesagt haben soll.

Viel Glück mit Ihrem eigenen Fingerfood!

P.S: In vielen Rezepten wird frittiert. Verwenden Sie dafür einen Topf mit hohen Rändern und füllen Sie ihn zu einem Viertel mit Öl. Kontrollieren Sie die Temperatur (180 °C) mit einem Thermometer und halten Sie einen Deckel bereit, falls das Öl zu brennen beginnt.

GRAND CUISINE

Ich möchte denjenigen danken, die mir die Zutaten und Dienste zur Verfügung gestellt haben, die dieses Buch ermöglicht haben:

GRÖNSAKSHALLEN SORUNDA

FÄLLMANS KÖTT

EKOFISK

BIO-WEINGUT ALLACHER

MATSTUDION PÅ DALAGATAN 27

JOSEF PEYRE

MALIN ÖSTERBERG

VEGETARISCH

1.

PFIFFERLINGSSALAT

ca. 6 Stück

1 SCHALOTTE, GESCHÄLT UND GEHACKT
3 EL OLIVENÖL
3 EL ESSIG
50 G PARMESAN, GERIEBEN
5 CM LAUCH, VOM WEISSEN TEIL
200 ML FRITTIERÖL
150 G PFIFFERLINGE
20 G BUTTER (ZUM BRATEN DER PFIFFERLINGE)
1 TOMATE
1 EL GEHACKTE PETERSILIE
1 ROMANA-SALATHERZ
20 HASELNÜSSE, GERÖSTET UND GEHACKT

Die Schalotte, das Olivenöl, den Essig und den Parmesan in einer Schüssel vermischen und mindestens 30 Minuten ziehen lassen.
Den Lauch der Länge nach in dünne Streifen schneiden und in 180 °C heißem Frittieröl goldbraun frittieren.
Zum Abtropfen auf Küchenpapier legen.
Die Pfifferlinge in Butter braten.
Die Tomate filetieren: halbieren, die Kerne entfernen und das Fruchtfleisch in längliche Scheiben schneiden.
Die Tomatenfilets mit gebratenen Pfifferlingen und Petersilie vermengen.
Den Salat zerpflücken und in ca. 7 × 5 cm große Stücke reißen.
Die Salatblätter auslegen und 1 TL Parmesanmus auf jedes Blatt geben. Jeweils ca. 1 EL Pfifferlingssalat darauflöffeln und mit Lauch und Haselnüssen garnieren.

2.

GEGRILLTE PAPRIKA MIT ZIEGENKÄSE, MAIS, KORIANDER, CHILI UND HONIG

Dieses Gericht kann man vor dem Servieren kurz im Ofen aufwärmen – 5 Minuten bei 200 °C – oder einfach kalt essen.

6 Stück

75 G MAIS, FRISCH VORGEKOCHT ODER AUS DER DOSE
ÖL (ZUM BRATEN)
1 ROTER CHILI, GEHACKT
CA. 10 G KORIANDER, GEHACKT
1 LIMETTE
3 MINI-PAPRIKASCHOTEN, GEGRILLT UND DANN HALBIERT
100 G ZIEGENKÄSE
FLÜSSIGER HONIG

Den Mais in etwas Öl braten.
Den Mais, den Chili und den Koriander vermischen und den Limettensaft darüberpressen.
Jede Paprikahälfte mit ca. 1 TL Ziegenkäse füllen.
Die Maismischung darübergeben und mit etwas Honig beträufeln.

3.

FALAFEL MIT PISTAZIENDIP UND TABOULEH

ca. 12 Stück

FALAFEL:
85 G UNGEKOCHTE KICHERERBSEN
1 EL KICHERERBSENMEHL
1 ZITRONE, SAFT
25 G FRISCHER KORIANDER
1 TL GEMAHLENER KREUZKÜMMEL
1 KNOBLAUCHZEHE, GESCHÄLT UND FEIN GEHACKT
SALZ
400 ML FRITTIERÖL

PISTAZIENDIP:
40 G GEKOCHTE PUY-LINSEN
60 G PISTAZIEN
1 TL GEMAHLENER KARDAMOM
3 EL OLIVENÖL
SALZ
TABASCO

TABOULEH:
2 EL OLIVENÖL
1 TL UNGEKOCHTER BULGUR
1 TOMATE, FEIN GEHACKT
25 G GLATTE PETERSILIE, GEHACKT
1 ZITRONE, SAFT
SALZ UND PFEFFER

Die Kichererbsen am Vortag oder mindestens 8 Stunden vor Beginn der Zubereitung einweichen.
Alle Zutaten für den Pistaziendip in einer Küchenmaschine zu einer glatten Masse mixen und mit etwas Salz und Tabasco abschmecken.
Alle Falafel-Zutaten in einer Küchenmaschine zu einer klebrigen Masse mixen und mit etwas Salz abschmecken – Sie können nach dem Frittieren immer noch nachsalzen.
12 kleine Zylinder formen, 3–4 cm Durchmesser und 1 cm dick.
In jeden mit dem Finger eine kleine Mulde für die Füllung drücken.
In einem hohen Topf in 180 °C heißem Öl frittieren; sie sind fertig, wenn sie an die Oberfläche kommen und eine schöne Farbe haben.
Wenn nötig nachsalzen.
Das Tabouleh zubereiten.
Die Zutaten vermischen; der Bulgur wird ungekocht untergemischt und saugt mit der Zeit die Flüssigkeit auf.
Mit Salz und Pfeffer abschmecken.
Pistaziendip in jede Falafel-Mulde geben und Tabouleh darüberlöffeln.

4.

FRITTIERTE AUBERGINE MIT TOMATE UND MOZZARELLA

Schmeckt kalt wie warm!

12 Stück

1 AUBERGINE
SALZ
5 EL MAISSTÄRKE
2 EIER
CA. 150 G PANKO (JAPANISCHES PANIERMEHL)
FRITTIERÖL
6 COCKTAILTOMATEN, HALBIERT
12 MOZZARELLAKUGELN ODER MOZZARELLAWÜRFEL
12 BASILIKUMBLÄTTER

Die Aubergine in 1 cm dicke Scheiben schneiden. Salzen.
Die Maisstärke gleichmäßig auf den Scheiben verteilen.
Die Eier verquirlen und über die Auberginenscheiben gießen.
30 Minuten ziehen lassen.
Jede Scheibe rundherum in Panko panieren.
Die Scheiben in 180 °C heißem Frittieröl goldbraun frittieren.
Auf Küchenpapier abtropfen lassen.
Jede Auberginenscheibe mit Tomate, Mozzarella und Basilikum belegen.

5.

HALB GETROCKNETE TOMATEN MIT GNOCCHI IN SALBEIBUTTER

12 Stück

6 PFLAUMENTOMATEN
OLIVENÖL
SALZ UND PFEFFER
160 G KALTE GEKOCHTE KARTOFFELN
60 G WEIZENMEHL + ETWAS ZUM BEMEHLEN DER ARBEITSFLÄCHE
1 EIGELB
50 G BUTTER
12 SALBEIBLÄTTER
20 G PARMESAN, GERIEBEN

Die Tomaten am Vortag trocknen: Den Ofen auf 200 °C vorheizen, am besten Heißluft. Die Tomaten der Länge nach halbieren, auf ein mit einigen Esslöffeln Olivenöl bestrichenes Backblech legen. Salzen und pfeffern. Das Blech in die Mitte des Ofens schieben und die Temperatur auf 80 °C senken. Die Ofentür einen Spalt öffnen, sodass der Dampf entweichen kann; ich stecke immer einen Kochlöffel dazwischen. Das Trocknen kann 6–14 Stunden dauern, je nach Ofen und Tomaten; kontrollieren Sie immer wieder nach. Die Tomaten sollen ein Zwischending zwischen sonnengetrockneten und frischen Tomaten werden.
Die Kartoffeln pressen und das Mehl, das Eigelb und etwas Salz zufügen.
Den Teig auf einer bemehlten Arbeitsfläche zu einer festen Konsistenz verarbeiten.
Zu 1 cm dicken Strängen rollen und in ca. 1 cm lange Stücke schneiden.
Die Stücke in kochendes Wasser geben und ca. 3 Minuten kochen, bis sie an die Oberfläche kommen.
Die Gnocchi kurz in gebräunter Butter braten, für die letzten 20 Sekunden die Salbeiblätter zufügen.
Je ein Klößchen und ein kurz gebratenes Salbeiblatt auf jede Tomate legen und mit geriebenem Parmesan bestreut servieren.

6.

SUMTAM-WRAP MIT RETTICH

12 Stück

1 RETTICH
WASSER UND SALZ
1 KAROTTE, JULIENNE
½ GURKE, JULIENNE
½ GRÜNE PAPAYA (IN ASIALÄDEN ERHÄLTLICH), JULIENNE
½ UNREIFE MANGO ODER KOCHMANGO, JULIENNE
EVTL. 25 G KORIANDER, GEHACKT (ZUM GARNIEREN)

SAUCE:
100 ML FISCHSAUCE (FISH SAUCE, NAM-PLA)
4 LIMETTEN, SAFT
1 DAUMENGROSSES STÜCK FRISCHER INGWER, FEIN GERIEBEN
45 G PALMZUCKER ODER ROHROHRZUCKER
1 CHILI, FEIN GEHACKT
25 G KORIANDER, GEHACKT

Julienne = in Streifen geschnittenes Gemüse wie auf dem Bild

Den Rettich schälen und in ca. 10 cm lange Stücke teilen.
Die Stücke der Länge nach mit einem Gemüsehobel oder scharfen Käsehobel in 12 dünne Scheiben schneiden – oder mit dem Messer, wenn Sie es so gut können wie ich!
Die Scheiben 20 Minuten in leicht gesalzenes kaltes Wasser legen, sodass sie etwas glasig und biegsam werden.
Die Sauce aus den Zutaten anrühren.
Die Gemüse- und Obststreifen mindestens 5 Minuten lang in der Hälfte der Sauce marinieren.
Etwas mariniertes Gemüse auf jede Rettichscheibe geben und mit der Fuge nach unten zusammenrollen.
Mit der restlichen Sauce in einer kleinen Schale als Dip servieren.

三昧

7.

STEINPILZ-FRÜHLINGSROLLEN MIT SWEET-CHILI-DIP

6 Stück

200 G FRISCHE STEINPILZE, GEWÜRFELT
1 SCHALOTTE, GESCHÄLT UND FEIN GEHACKT
BUTTER
3 EL HELLE SOJASAUCE
6 BLÄTTER FRÜHLINGSROLLENTEIG (MEINE SIND CA. 20 × 20 CM GROSS)
1 EI (ZUM BESTREICHEN)
FRITTIERÖL

SWEET-CHILI-DIP:
1 CHINESISCHER KNOBLAUCH, GESCHÄLT UND GEHACKT
2 ROTE CHILISCHOTEN, GESCHÄLT UND GEHACKT
3 EL WEISSWEINESSIG
100 ML WASSER
180 G ZUCKER
2 TL SOJASAUCE
1 DAUMENGROSSES STÜCK FRISCHER INGWER, GESCHÄLT UND GEHACKT
1 EL MAISSTÄRKE (ZUM BINDEN)
2 EL WASSER (ZUM BINDEN)

Alle Zutaten für den Sweet-Chili-Dip bis auf die Maisstärke und das Wasser zum Binden vermischen und 5 Minuten ohne Deckel kochen.
Die Bindung anrühren und zufügen, weitere ca. 3 Minuten köcheln lassen.
Vom Herd nehmen und vor dem Servieren etwas abkühlen lassen.
Die Dipsauce hält sich sicher einen Monat im Kühlschrank, falls etwas übrig bleibt.
Die Pilze und die Zwiebelstücke in Butter braten und mit der Sojasauce abschmecken. Abkühlen lassen.
Die Pilzmischung auf den Teigblättern verteilen und Frühlingsrollen rollen, diagonal von einer Ecke zur anderen.
Wenn Sie das halbe Teigblatt eingerollt haben, rundherum mit Ei bestreichen und die Ränder auf beiden Seiten nach innen falten.
Fertig rollen und mit der Fuge nach unten legen.
In 180 °C heißem Öl frittieren, bis die Rollen goldbraun sind und schwimmen.
Mit der Sauce servieren.

Hier finden Sie einen Film darüber, wie man die Frühlingsrollen rollt und frittiert, falls Sie unsicher sind: http://youtu.be/VjkFOVbxsow

8.

FILOTEIGROLLEN MIT SPINAT UND FETA

6 Stück

200 G SPINAT, BLANCHIERT (KURZ IN SIEDENDES WASSER GETAUCHT)
1 ZWIEBEL, GESCHÄLT UND GEHACKT
1 KNOBLAUCHZEHE, GESCHÄLT UND GEHACKT
OLIVENÖL (ZUM BRATEN)
150 G FETA
SALZ UND PFEFFER
12 BLÄTTER FILOTEIG
100 G BUTTER, ZERLASSEN
1 EI (ZUM BESTREICHEN)
SESAM

Den Ofen auf 200 °C vorheizen.
Den Spinat, die Zwiebelstücke und den Knoblauch in Olivenöl braten.
Den Feta hineinbröckeln und mit Salz und Pfeffer abschmecken.
Sechs Blätter Filoteig auslegen, mit reichlich zerlassener Butter bestreichen, auf jedes ein weiteres Blatt legen und wieder mit Butter bestreichen – das macht die Rollen knusprig und lecker.
Die Spinatmischung jeweils in einem Strang an der einen Schmalseite entlang platzieren. Die Ränder bestreichen und die Blätter wie eine Biskuitrolle zusammenrollen.
Die Oberseite mit leicht verquirltem Ei bestreichen und mit etwas Sesam bestreuen. Die Rollen auf mittlerer Schiene ca. 10 Minuten goldbraun backen.
Wenn Sie wollen, können Sie sie zum Servieren halbieren wie auf dem Bild.

9.

KARTOFFELSCHALEN MIT BUTTERNUT-CURRY UND CHILI-BANANEN-JOGHURT

12 Stück

6 MITTELGROSSE KARTOFFELN, MIT SCHALE
1 ZWIEBEL, GESCHÄLT UND GEHACKT
1 KNOBLAUCHZEHE, GESCHÄLT UND GEHACKT
OLIVENÖL
1 EL GELBES CURRYPULVER
½ BUTTERNUT-KÜRBIS, KLEIN GEWÜRFELT
1 TL TOMATENMARK
100 ML GEMÜSEBRÜHE
SALZ UND PFEFFER
EVTL. ETWAS CHILI, GEHACKT
EVTL. ETWAS MINZE, GEHACKT

DIP:
1 BANANE, FEIN GEHACKT
200 G JOGHURT (TÜRKISCHER, GRIECHISCHER, NATUR-)
2 EL SWEET-CHILI-DIP (SIEHE REZEPT AUF SEITE 25 ODER FERTIG KAUFEN)

Den Ofen auf 200 °C vorheizen.
Die Kartoffeln halbieren und im Ofen rösten, bis der Inhalt weich ist, anschließend aushöhlen.
Die Zwiebelstücke und den Knoblauch bei mittlerer Hitze in Olivenöl braten, das Curry hinzufügen und 30 Sekunden bräunen.
Den Kürbis dazugeben und leicht anbräunen. Das Tomatenmark und die Gemüsebrühe zufügen.
Bei schwacher Hitze köcheln lassen, bis der Kürbis weich und die Flüssigkeit eingekocht ist.
Mit Salz und Pfeffer abschmecken.
Banane, Joghurt und Sweet-Chili-Sauce zu einem herrlichen Dip vermischen.
Jede Kartoffelschale mit Butternut-Curry füllen und den Dip daraufgeben.
Nach Belieben mit Chili und Minze bestreuen.

10.

ZWIEBEL-PIZZETTE

ca. 12 Stück

2 ZWIEBELN, GESCHÄLT UND IN SCHEIBEN GESCHNITTEN
3 EL OLIVENÖL
SALZ
OREGANO, FRISCH GEHACKT ODER GETROCKNET

PIZZATEIG:
25 G HEFE
2 EL OLIVENÖL
1 TL SALZ
200 ML LAUWARMES WASSER
CA. 240 G MEHL + ETWAS ZUM KNETEN UND FORMEN

Den Ofen auf 240 °C vorheizen und ein Backblech oder einen Pizzastein ganz nach oben schieben.
Den Teig in einer Küchenmaschine oder per Hand in einer Schüssel zubereiten:
Die Hefe zusammen mit dem Olivenöl und dem Salz ins Wasser bröckeln.
Das Mehl zufügen und ca. 5–10 Minuten bearbeiten, bis der Teig sich von den Schüsselwänden löst.
In der Schüssel ca. 30 Minuten gehen lassen.
Währenddessen die Zwiebeln in Olivenöl mit etwas Salz und Oregano marinieren.
Den Teig zu 12 kleinen Kugeln mit ca. 4 cm Durchmesser rollen.
Eine Arbeitsfläche mit Mehl bestreuen und die Kugeln zu kleinen Pizzaböden drücken oder ausrollen.
Die Zwiebeln darauf verteilen und die Pizzettes auf das heiße Blech/den Pizzastein legen.
Ca. 3–5 Minuten backen.

11.

SOCCA MIT RICOTTA, MANDELN, GEGRILLTEN JALAPEÑOS, KORIANDER UND LIMETTE

ca. 12 Stück

100 G RICOTTA, ZERBRÖCKELT
55 G MANDELN, GERÖSTET (IN TROCKENER PFANNE) UND GEHACKT
3 JALAPEÑOS, GERÖSTET (IM OFEN 5 MINUTEN BEI 200 °C) UND GEHACKT
KORIANDER, GEHACKT
AHORNSIRUP
1 LIMETTE, IN SPALTEN

SOCCA (KICHERERBSENPFANNKUCHEN):
110 G KICHERERBSENMEHL
1 EI
250 ML WASSER
3 EL OLIVENÖL
KRÄUTER

Den Pfannkuchenteig aus allen Zutaten anrühren und vor dem Backen am besten 1 Stunde quellen lassen.
Die Pfannkuchen in einer Poffertjes-Pfanne braten, sodass sie die richtige Größe für Fingerfood bekommen.
Mit Ricotta, Mandeln, Jalapeños und Koriander bestreuen.
Mit Ahornsirup beträufeln und mit Limettenspalten servieren.

12.

NASU DENGAKU – AUBERGINEN MIT MISOGLASUR

6 Stück

1 AUBERGINE, DER LÄNGE NACH IN 6 DÜNNE SCHEIBEN GESCHNITTEN
2 EL SESAM, GERÖSTET (SELBST RÖSTEN ODER FERTIG GERÖSTET KAUFEN)
KINOME-BLÄTTER ODER FRÜHLINGSZWIEBELN, SCHNITTLAUCH, KORIANDER

MISO-GLASUR:
100 G HATCHO MISO (ROTES MISO) ODER ÄHNLICHES
2 EL SAKE
2 EL MIRIN (REISWEINESSIG)
2 EL ZUCKER

Den Grill anheizen oder den Ofen auf 200 °C vorheizen.
Die Misoglasur aus den Zutaten anrühren.
Die Auberginenscheiben auf ein Backpapier legen und auf beiden Seiten mit Glasur bestreichen.
Die Scheiben grillen oder im Ofen backen.
Wenn Sie nach ca. 5 Minuten etwas Farbe bekommen haben, mit mehr Glasur bestreichen und weitergrillen/-backen. Den Vorgang noch zweimal wiederholen.
Jede Scheibe mit geröstetem Sesam bestreuen und auf einen Spieß stecken – sie sind ziemlich klebrig.
Mit Kinome-Blättern oder z. B. Frühlingszwiebeln garnieren, das passt gut zu der süßen Glasur.

13.

VEGETARISCHE FRITTERS MIT APFEL-KAROTTEN-CHUTNEY

6 Stück

FRITTERS:

1 ZUCCHINI, GERIEBEN
1 EL MAISMEHL
1 TL BACKPULVER
1 EI
ÖL (ZUM BRATEN)

CHUTNEY:

1 KAROTTE, GEWÜRFELT
1 APFEL, EVTL. GESCHÄLT, GEWÜRFELT
1 SCHALOTTE, GESCHÄLT UND GEHACKT
½ CHILI, GEHACKT
1 STERNANIS
1 ZIMTSTANGE
OLIVENÖL (ZUM BRATEN)
2 EL HONIG
2 EL ESSIG
2 EL WASSER
SALZ UND PFEFFER

Alle festen Zutaten für das Chutney leicht in Olivenöl anbraten.
Den Honig, den Essig und das Wasser zufügen und bei mittlerer Hitze köcheln lassen, bis die Mischung eine marmeladenartige Konsistenz hat. Von der Platte nehmen und abkühlen lassen.
Mit Salz und Pfeffer abschmecken.
Das Chutney kann man gut im Vorhinein machen, es hält sich im Kühlschrank ca. 2 Wochen und konserviert sogar bis zu einem halben Jahr.
Alle Zutaten für die Fritters vermischen und eine Weile quellen lassen.
Mit einem Esslöffel etwas Teig in die Pfanne geben und bei starker Hitze in Olivenöl goldbraun braten. Die Fritters auf Küchenpapier abtropfen lassen.
Mit etwas Chutney darauf servieren.

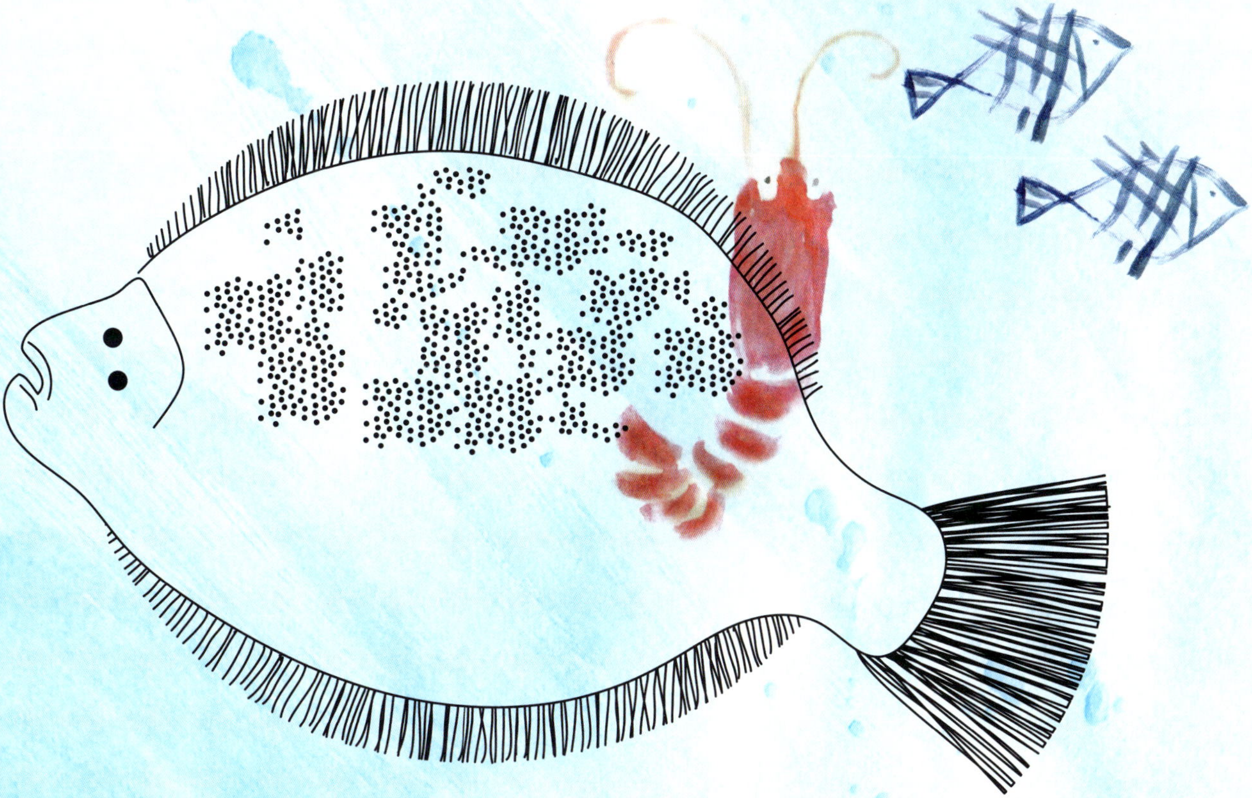

FISCH UND MEERESFRÜCHTE

14.

FISCH-TACO

Hier brauchen Sie nicht unbedingt rohen/gefrorenen Fisch zu verwenden, wenn Sie nicht wollen, mit gebratenem oder frittiertem wird es genauso gut!

12 Stück

1 STÜCK (250 G) FRISCHES LACHSFILET, DURCHGEFROREN
GRILLGEWÜRZ FÜR FISCH
1 PACKUNG WEIZENTORTILLAS

SALSA:
1 HARTE MANGO, KLEIN GEWÜRFELT
1 TOMATE, KLEIN GEWÜRFELT
½ GURKE, KLEIN GEWÜRFELT
100 G PAPAYA, KLEIN GEWÜRFELT
1 CHILI, FEIN GEHACKT
25 G KORIANDER, FEIN GEHACKT
2 EL OLIVENÖL
1 LIMETTE, SAFT
SALZ UND PFEFFER

AVOCADOCREME:
2 AVOCADOS
50 ML OLIVENÖL
2 EL LIMETTENSAFT ODER ESSIG
SALZ UND PFEFFER

Das durchgefrorene Lachsfilet mit einem guten Grillgewürz würzen, das zu Fisch passt. Den Lachs kurz rundherum anbraten und in 12 dünne Scheiben schneiden.
Die Salsa zusammenmischen und zuletzt mit Olivenöl, Limettensaft, Salz und Pfeffer würzen. Die Avocadocreme glatt mixen und mit Salz und Pfeffer abschmecken. Um ein Glas herum schneiden oder kleinere runde Stücke mit ca. 10 cm Durchmesser aus den Tortillas ausstechen. Die Stücke auf beiden Seiten in einer trockenen Pfanne oder direkt auf der Platte braten (nicht auf Induktionsplatten).
Je 1 TL Avocadocreme und 1 TL Salsa auf jede Tortilla geben und eine Lachsscheibe darauflegen.

15.

KRABBENCHIPS MIT ERDNUSSSAUCE UND KRABBEN-SOM-TAM

ca. 30–40 Stück

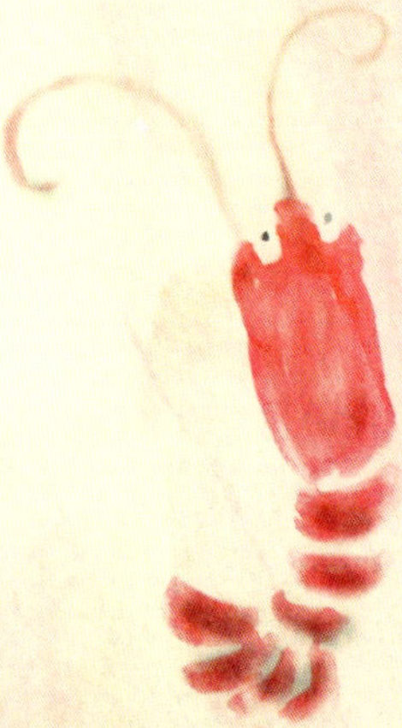

FRITTIERTE KRABBENCHIPS (IN ASIALÄDEN ERHÄLTLICH)

KRABBENSALAT:
100 G PAPAYA, FEIN GEHACKT
100 G GRÜNE PAPAYA, FEIN GEHACKT
1 TOMATE, FEIN GEHACKT
100 G GURKE, MIT SCHALE, FEIN GEHACKT
25 G THAI-BASILIKUM, GEHACKT
1 CHILI, GEHACKT
1 EL FISCHSAUCE
1 TL ROHROHRZUCKER
1 LIMETTE, SAFT
200 G GESCHÄLTE NORDSEE-KRABBEN, GEHACKT

ERDNUSSSAUCE:
300 G + 100 G GESALZENE ERDNÜSSE, GROB GEMAHLEN
1 KNOBLAUCHZEHE, GESCHÄLT UND GEHACKT
3 EL SWEET-CHILI-DIP (SIEHE REZEPT AUF SEITE 25)
2 LIMETTEN, SAFT
3 EL WASSER

Die Zutaten für den Salat vermischen, die Krabben zuletzt zufügen.
300 g Erdnüsse mit den restlichen Zutaten für die Erdnusssauce in einen Topf geben und ca. 3 Minuten kochen, dabei immer aufpassen.
Etwas Erdnusssauce und Krabbensalat auf jeden Chip geben und mit den restlichen Erdnüssen bestreuen.

16.

GREEN CURRY MUSSELS

15–40 Stück (je nach Größe)

50 G INGWER, GESCHÄLT UND GEHACKT
1 ZWIEBEL, GESCHÄLT UND GEHACKT
1 KNOBLAUCHZEHE, GEHACKT
1 EL GRÜNE CURRYPASTE
1 CHILI, GEHACKT
SESAMÖL
1 KG MIESMUSCHELN, VERLESEN UND GESÄUBERT
2 EL FISCHSAUCE
250 ML KOKOSMILCH
25 G KORIANDER, GEHACKT

Den Ingwer, die Zwiebel, den Knoblauch, die Currypaste und den Chili in etwas Sesamöl anbraten.
Die Muscheln zufügen und umrühren, die Fischsauce und die Kokosmilch dazugeben.
Aufkochen, von der Platte nehmen und einen Deckel auf den Topf legen.
Stehen lassen, bis alle Muscheln sich geöffnet haben.
In eine Schüssel geben, mit Koriander bestreuen und sofort servieren.
Servietten nicht vergessen!

17.

FRITTIERTE ZWERGMARÄNEN MIT MARÄNENROGEN-DIP

12 Stück

12 GANZE ZWERGMARÄNEN
3 EL MAISSTÄRKE
1 TL BACKPULVER
1 EI, VERQUIRLT
100 G MARÄNENROGEN
100 G SAURE SAHNE
4 EL ZITRONENSAFT
FRITTIERÖL
SALZ
1 ROTE ZWIEBEL, GESCHÄLT UND GEHACKT
SCHNITTLAUCH, GROB GEHACKT

Die Maränen in eine Form geben, die Maisstärke und das Backpulver darüberstreuen und die Fische darin wenden, sodass sie mit einer gleichmäßigen Schicht bedeckt sind.
Das verquirlte Ei darübergießen und ein paar Minuten stehen lassen.
Währenddessen Maränenrogen, saure Sahne und Zitronensaft zu einer Dipsauce vermischen.
Die Fische in 180 °C heißem Frittieröl ca. 5 Minuten frittieren, bis sie goldbraun und knusprig sind.
Herausnehmen und salzen.
Mit Klecksen von Dip, gehackter roter Zwiebel und Schnittlauch servieren.

18.

AUSTERN MIT YUZUDRESSING UND INGWER

Yuzu ist eine ostasiatische Zitrusfrucht, die an eine Mischung aus Mandarine und Grapefruit erinnert. Der Saft ist in Flaschen in Asia-Läden erhältlich, je nach Saison manchmal frisch gepresst. In diesem Rezept kann Yuzu auch durch Limette oder Zitrone ersetzt werden.

12 Stück

2 EL YUZUSAFT
3 EL TAMARI (SOJASAUCE MIT SEHR WENIG SALZ) ODER HELLE SOJASAUCE
1 TL SESAMÖL
12 AUSTERN
1 STÜCK FRISCHER INGWER

Yuzu, Tamari und Sesamöl zu einem Dressing verrühren.
Die Austern öffnen und vom Muskelstrang lösen.
1 TL Dressing auf jede Auster geben und etwas Ingwer darüberreiben.

19.

FISH CAKE MIT SENF-MAYO

Ich friere übrig gebliebenen Fisch immer ein, egal ob gekocht oder roh. Wenn ich eine ausreichende Menge zusammen habe, mache ich diese Leckerei. Das Rezept ist von einem Crab-Cake-Rezept von Oprah Winfrey inspiriert. Natürlich können Sie auch schönen neuen Fisch verwenden!

ca. 12 Stück

200 G ROHER FISCH
100 G MAYONNAISE
200 G KALTER GEKOCHTER FISCH
1 EL DIJONSENF
1 TL TABASCO
SALZ UND WEISSER PFEFFER
250 G PANKO (JAPANISCHES PANIERMEHL)
FRITTIERÖL

SENF-MAYO:
2 EL GROBER SENF
2 EL ESSIG
1 EI
300 ML SPEISEÖL
SALZ UND PFEFFER

Den rohen Fisch und die Mayonnaise in einer Küchenmaschine zu einer glatten Masse mixen.
Den gekochten Fisch, den Senf und den Tabasco dazugeben.
Mit Salz und weißem Pfeffer abschmecken.
Die Maschine noch einmal kurz starten, sodass alles grob vermischt wird.
Aus der Masse 12 kleine Kugeln formen und in Panko wenden.
Den Senf, den Essig und das Ei in einer Schüssel verquirlen.
Das Öl unter ständigem Schlagen in einem dünnen Strahl zufügen.
Mit Salz und Pfeffer abschmecken.
Die Fischbällchen in 180 °C heißem Öl frittieren, bis sie goldbraun sind und an die Oberfläche kommen. Mit der Senf-Mayonnaise servieren.

20.

LEICHT GEBRATENER THUNFISCH MIT CHIPOTLE UND SALATSLAW

Shichimin ist ein japanisches Grillgewürz mit unter anderem mildem Chili und schwarzem Sesam. Man kann auch Chilipulver verwenden.

12 Stück

1 (250 G) SEHR FRISCHES UND EINGEFRORENES THUNFISCHFILET (MINDESTENS 4 TAGE GEFROREN)
SHICHIMIN ODER CHILIPULVER

CHIPOTLE RUB:
50 G CHIPOTLE (GETROCKNETE GERÄUCHERTE CHILI)
100 ML ESSIG
2 EL AGAVENSIRUP, ALTERNATIV ZUCKER, HONIG ODER ANDERER SIRUP
1 ZWIEBEL, GEBRATENE SCHEIBEN
1 KNOBLAUCHZEHE, GESCHÄLT UND GEHACKT
1 EL TOMATENMARK
2 TL SALZ

SALATSLAW:
100 G EISBERGSALAT, IN FEINE STREIFEN GESCHNITTEN
2 EL MAYONNAISE
SALZ UND PFEFFER

Die Chipotle bei schwacher Hitze in Essig ca. 30 Minuten sieden, bis sie weich geworden sind. Sirup, Zwiebel und Knoblauch zufügen, dann Tomatenmark und Salz. Alles in einer Küchenmaschine mixen.
Den gefrorenen Thunfisch mit einer dünnen Schicht Rub einreiben und bei starker Hitze rundherum kurz anbraten, sodass er eine dunkle Farbe bekommt und der Rub haften bleibt. Der Fisch soll in der Mitte immer noch roh sein. Zur Seite stellen.
Währenddessen den Salatslaw mischen und mit Salz und Pfeffer abschmecken. Den Thunfisch in dünne Scheiben schneiden.
Ca. 1 TL Slaw auf jedes Stück legen und mit etwas Shichimin oder Chilipulver garnieren.

21.

BABY-OKTOPUS MIT ZITRONE UND KNOBLAUCH

ca. 20 Stück

1 ZWIEBEL, GESCHÄLT UND GEHACKT
1 KNOBLAUCH, GESCHÄLT UND IN SCHEIBEN GESCHNITTEN
1 ROTER CHILI, IN SCHEIBEN GESCHNITTEN
OLIVENÖL (ZUM BRATEN)
1 KG BABY-OKTOPUS
100 ML WEISSWEIN
1 BIO-ZITRONE, SAFT UND ZESTEN
100 G KRAUSE PETERSILIE, GEHACKT
OLIVENÖL (ZUM SERVIEREN)

Die Zwiebel, den Knoblauch und den Chili in Olivenöl braten, den Tintenfisch und den Wein zufügen. Die Zitronenzesten dazugeben.
Ohne Deckel 30 Minuten köcheln, bis die Flüssigkeit eingekocht und der Tintenfisch weich und dunkellila geworden ist. Den Zitronensaft darüberpressen und mit Petersilie vermischen. Auf eine Platte legen und mit reichlich gutem Olivenöl beträufeln.

22.

MARINIERTER ROGEN

6 Stück

100 G FISCHROGEN
1 CHILI, GEHACKT
MINDESTENS 100 G DILL, GEHACKT
1 ZITRONE ODER LIMETTE, SAFT
1 EL FISCHSAUCE

Alle Zutaten ca. 10 Minuten vor dem Servieren vermischen. Schmeckt lecker auf geröstetem Brot oder einer Gurkenscheibe.

23.

DORSCHBALLOTINE MIT GLASIERTEM SCHWEINEBAUCH UND EIERCREME

ca. 8 Stück

2 STÜCK (À 150 G) DORSCHRÜCKEN ODER ANDERER FESTER WEISSER FISCH
2 TL SALZ
100 G GERÄUCHERTER SCHWEINEBAUCH
100 ML KAFFEE
3 EL AHORNSIRUP
50 ML ESSIG
1 ZWIEBEL, GESCHÄLT UND IN SCHEIBEN GESCHNITTEN
1 TL DIJONSENF
ETWAS GEHACKTER DILL (ZUM SERVIEREN)

EIERCREME:
5 EIGELB
100 ML SCHLAGSAHNE
SALZ UND WEISSER PFEFFER

Den Fisch 5 Stunden zuvor pökeln:
Jedes Fischstück in 2 Streifen schneiden, ca. 2 × 10 cm, und im Salz wenden. In Frischhaltefolie einwickeln, die Enden wie eine dicht schließende Wurst zusammenknoten und die Ballotines in den Kühlschrank stellen.
Den Schweinebauch in einen Topf geben und den Kaffee, den Ahornsirup, den Essig und die Zwiebel zufügen. Bei mittlerer Hitze köcheln, bis die Flüssigkeit die Konsistenz von Sirup hat. Zum Schluss den Senf dazugeben. Er darf nicht kochen! Bei Zimmertemperatur stehen lassen.
Den Ofen auf 120 °C vorheizen und die Eiercreme zubereiten: Die Eigelbe und die Sahne vermischen, mit Salz und weißem Pfeffer abschmecken. In eine kleine ofenfeste Form gießen.
Mit Alufolie bedecken und auf mittlerer Schiene ca. 15 Minuten backen, bis die Creme gerade gestockt ist. Falls Sie einen Dampfbackofen haben, backen Sie die Mischung 8 Minuten bei 100 % Dampf.
Die Creme in eine Küchenmaschine geben und glatt mixen. In einen Spritzbeutel füllen.
Die Ballotines in der Frischhaltefolie in einem Topf mit Wasser 8 Minuten kochen oder in einem Dampfbackofen 8 Minuten bei 80 °C und 100 % Dampf garen.
Den Fisch herausnehmen und die Ballotines 20 Sekunden in kaltes Wasser legen, das stoppt den Garungsprozess. Mindestens 20 Minuten ruhen lassen.
Die Plastikfolie abnehmen und den Fisch in 2 cm lange Stücke schneiden. Die Stücke in Dill wenden. Etwas Eiercreme auf jedes Stück spritzen und einen Würfel Fleisch darauflegen. Mit den karamellisierten Zwiebeln bestreuen, mit denen das Fleisch gekocht wurde.

24.

SAIBLING-TATAKI

6 Stück

1 NASHI-BIRNE ODER ANDERE GRÜNE BIRNE
200 G ROHES, GANZ FRISCHES SAIBLINGFILET, FEIN GEWÜRFELT
2 EL HELLE SOJASAUCE
1 TL SESAMÖL
1 TL ROHROHRZUCKER
1 EL ZITRONENSAFT ODER LIMETTENSAFT
1 TL WASABI
1 FRÜHLINGSZWIEBEL, GEHACKT
GERIEBENER MEERRETTICH, NACH GESCHMACK
EVTL. 6 BLÄTTER VON EINEM OBSTBAUM (ALS SERVIERUNTERLAGE)

Die Birne in dünne Scheiben schneiden und sofort in eiskaltes Wasser legen, sodass sie noch knackiger und nicht braun werden. Die Birne und die Blätter fungieren bei diesem Fingerfood als Unterlage.
Alle Zutaten außer dem Meerrettich kurz vor dem Servieren vermengen.
Zu 6 kleinen Zylindern formen, jeden auf eine Birnenscheibe legen und mit Meerrettich bestreuen.

Tipp!
Sie können auch einen Klecks japanische Mayonnaise oder ein Wachtelei darauflegen. Probieren Sie es aus!

25.

TIGER CHEEKS – CEVICHE AUS DORSCHBÄCKCHEN MIT „TIGERMILCH"

Dies ist eine Variante des peruanischen Ceviche – in Zitrone, Chili und Olivenöl marinierter Fisch. Der delikate Saft wird so milchig und scharf, dass er „tiger's milk" genannt wird.

12 Personen

500 G DORSCHBÄCKCHEN
ODER BÄCKCHEN VON EINEM ANDEREN FISCH
ODER JAKOBSMUSCHELN

4 ZITRONEN, SAFT
100 ML GUTES OLIVENÖL
1 ROTER CHILI, GEHACKT
1 JALAPEÑO, GEHACKT
1 STÄNGEL ZITRONENGRAS, IN SCHEIBEN GESCHNITTEN
25 G PETERSILIE, GEHACKT
5 COCKTAILTOMATEN, IN SCHEIBEN GESCHNITTEN
1 ROTE PAPRIKA, FEIN GEHACKT
1 ZITRONE, GERIEBENE SCHALE
1 PERLZWIEBEL, GESCHÄLT UND FEIN GEHACKT
1–3 KNOBLAUCHZEHEN, GESCHÄLT UND GEHACKT

Die Dorschbäckchen von der Haut befreien und in eine Schüssel geben.
Die restlichen Zutaten zufügen und alles vor dem Servieren mindestens 10 Minuten marinieren lassen.
Mit Brotstücken oder kleinen Gabeln essen. Jeder nur eines!

26.

HUMMER-NEM-GOCHUJANG

Dieses Gericht nenne ich etwas unpräzise Nem, nach dem vietnamesischen Wort Bánh Đa Nem. Gochujang ist eine fermentierte oder gegorene Chilipaste aus Südkorea. Dies ist also ein richtiges Crossover, mit amerikanischer/japanischer Mayonnaisecreme!

6 Stück

1 GEKOCHTER HUMMER
1 VIERECKIGES NEM-BLATT (REISPAPIER)
2 EL GOCHUJANG-PASTE (ASIALADEN)
ETWAS GEHACKTER DILL, NACH GESCHMACK
50 G EISBERGSALAT, IN STREIFEN GESCHNITTEN
1 TOMATE, IN STREIFEN GESCHNITTENES FRUCHTFLEISCH OHNE SCHALE
50 G PAPRIKA, IN FEINE STREIFEN GESCHNITTEN
1 AVOCADO, IN KLEINE STÜCKE GESCHNITTEN
3 EL MAYONNAISE

Den Hummer schälen und das Fleisch in dünne Streifen reiben.
Das Reispapier ca. 30 Sekunden einweichen, bis es weich ist.
Das Blatt mit Gochujang-Paste bestreichen und mit etwas Dill bestreuen.
Das Hummerfleisch auf zwei Dritteln des unteren Blattteils verteilen.
Das Gemüse in einem Streifen mitten über den Hummer legen und etwas Mayonnaise darauf verteilen. Ich verwende dafür einen Spritzbeutel.
So zusammenrollen, dass das Gemüse in der Mitte landet, ungefähr so wie beim Einpacken eines Päckchens.
Sie können auch alles wie eine Biskuitrolle zusammenrollen, wenn Ihnen das leichter fällt.
In 6 Stücke schneiden.

FLEISCH UND GEFLÜGEL

27.

CRISPY CHICKEN

12 Stück

12 DRUMSTICKS VOM HUHN, D.H. DER OBERE TEIL DES FLÜGELS
50 G MAISSTÄRKE
200 ML SPEISEÖL (ZUM BRATEN)
1 EL GOCHUJANG-PASTE (EINE GEWÜRZPASTE, DIE IN ASIA-LÄDEN ERHÄLTLICH IST)
3 EL HELLE SOJASAUCE
3 EL ZUCKER
2 TL SESAMÖL
1 KNOBLAUCHZEHE, GESCHÄLT UND GERIEBEN
CA. 150 ML LIMETTENSAFT (2 LIMETTEN)
1 TL SESAM, GERÖSTET
1 FRÜHLINGSZWIEBEL, IN SCHEIBEN GESCHNITTEN

Verwenden Sie den oberen Teil des Hühnerflügels.
Das Fleisch oben um den Knochen herum einschneiden, sodass das Fleisch beim Braten heruntergleiten kann. Der Knochen fungiert dann wie ein kleiner Griff zum Halten.
Das Hühnchen mit der Maisstärke bestreuen und einmassieren, sodass sie gleichmäßig verteilt ist.
Das Öl in einem tiefen Topf auf ca. 160 °C erhitzen und das Hühnchen braten, bis es eine schöne Farbe hat.
Herausnehmen und auf Küchenpapier abtropfen lassen.
Das Öl bei schwacher Hitze im Topf lassen.
Gochujang, Sojasauce, Zucker, Sesamöl, Knoblauch und Limettensaft zu einer Sauce verrühren.
Das Öl wieder auf 160 °C erhitzen und das Hühnchen erneut ca. 3 Minuten braten, damit es richtig knusprig wird.
Die Stücke herausnehmen und abtropfen lassen.
Das Hühnchen in eine Schüssel geben. Die Sauce über den Stücken verteilen.
Im Ofen bei 220 °C kurz vor dem Servieren 5 Minuten backen.
Mit Sesam und Frühlingszwiebeln garnieren.

28.

KALB MIT GERÄUCHERTER MAKRELE

Eine schwedische Variante des italienischen Vitello Tonnato.

12 Stück

6 DÜNNE SCHEIBEN KALBSFILET
SALZ UND PFEFFER
1 EL MAYONNAISE
1 GERÄUCHERTES MAKRELENFILET (CA. 100 G), IN STÜCKE ZERTEILT
1 EL KAPERN
PFEFFER
KRÄUTER ZUM GARNIEREN, Z.B. THYMIAN ODER ROSMARIN
CA. 3 EL OLIVENÖL

Die Kalbfleischstücke kurz grillen oder anbraten. Sie sollen immer noch *rare* sein.
Salzen und pfeffern. Die Mayonnaise, die Makrele und die Kapern zu einem Mus verrühren.
Nur pfeffern – sowohl Kapern als auch Makrele sind an sich schon salzig.
Etwas Mus in die Mitte jedes Kalbfleischstücks geben und die Scheiben zusammenrollen.
Die Rollen halbieren.
Ein paar Kräuter darüberreiben und nach Geschmack mit Olivenöl beträufeln.

29.

BACON-JALAPEÑOS

12 Stück

2 EL FRISCHKÄSE
2 EL GERIEBENER CHEDDAR ODER ANDERER KÄSE, DEN SIE ZU HAUSE HABEN
6 FRISCHE JALAPEÑOS, ENTKERNT UND DER LÄNGE NACH HALBIERT
12 DÜNNE BACONSCHEIBEN

Den Ofen auf 200 °C vorheizen.
Den Frischkäse mit dem geriebenen Cheddar vermischen.
Das Käsemus in die Jalapeñohälften streichen.
Jede mit einer Scheibe Bacon umwickeln.
Mit der Fuge nach unten auf ein Backblech legen, sodass sie sich nicht im Ofen aufwickeln.
10 Minuten backen, bis der Bacon die richtige Farbe hat und knusprig geworden ist.
Schmeckt warm wie kalt.

30.

LAMMKARREE MIT CAPONATA

16 Stück

CAPONATA:
½ ZWIEBEL, GESCHÄLT UND GEHACKT
1 KNOBLAUCHZEHE, GESCHÄLT UND GEHACKT
OLIVENÖL (ZUM BRATEN)
1 ROTE PAPRIKA, FEIN GEWÜRFELT
50 G KAPERN
100 G GEHACKTE TOMATEN
SALZ UND PFEFFER

LAMMKARREE:
2 GESÄUBERTE LAMMKARREES (MIT JEWEILS 8 KNOCHEN)
1 EL THYMIAN, GETROCKNET ODER FRISCH
1 EL ROSMARIN, GETROCKNET ODER FRISCH
OLIVENÖL (ZUM BRATEN)
4 WIRSINGBLÄTTER
GERIEBENER PECORINO ODER PARMESAN (OPTIONAL)

Für die Caponata die Zwiebelstücke und den Knoblauch in Olivenöl sautieren.
Die Paprika zufügen und weich braten.
Die Kapern und die Tomaten dazugeben und mit etwas Salz und Pfeffer abschmecken.
Denken Sie daran, dass Kapern ziemlich salzig sind, salzen Sie also vorsichtig.
Die Caponata bei schwacher Hitze mindestens 1 Stunde sieden lassen, je länger, desto süßer und besser wird sie.
Währenddessen das Lamm zubereiten:
Das Fleisch mit Thymian und Rosmarin einreiben und rundherum in Olivenöl braten.
Auf ein Backblech legen und im Ofen bei 175 °C 10 Minuten backen.
Die Lammkarrees herausnehmen und in Alufolie ruhen lassen, bis sie angerichtet werden sollen.
Die Wirsingblätter blanchieren und in 4 Stücke teilen, sodass Sie 16 Stücke haben.
Das Lamm zwischen jedem Knochen in 16 Koteletts schneiden.
Ein Kotelett auf jedes Wirsingblatt legen und lauwarme Caponata daraufgeben.
Nach Belieben mit geriebenem Pecorino oder Parmesan garnieren.

31.

KALB MIT GEBRÄUNTER MEERRETTICHBUTTER UND DILL

12 Stück

SALZ
300 G KALBSKOTELETT OHNE KNOCHEN
2 EL ZUCKER
1 EL ESSIG
100 ML WASSER
50 G BUTTER, GEBRÄUNT
25 G MEERRETTICH, GERIEBEN
25 G FRISCHER DILL (CA. 1 BUND)
CA. 50 G GRÜNE ERBSEN (OPTIONAL)

Reichlich Salzwasser in einem Topf aufkochen.
Das Kalbfleisch in 12 gleich große Würfel schneiden.
Die Fleischwürfel 2 Minuten blanchieren und anschließend mit kaltem Wasser abspülen.
Den Zucker, den Essig und 100 ml Wasser zu einem Sud vermischen.
Aufkochen und die Fleischwürfel hineingeben.
Den Topf vom Herd nehmen und das Fleisch mindestens 1 Stunde ziehen lassen.
Wenn es aber zu lange liegt, wird es zu hart.
Währenddessen die Meerrettichbutter zubereiten:
Die gebräunte Butter mit dem Meerrettich vermischen.
In einer ca. 1 mm dicken Schicht auf ein mit Backpapier belegtes Backblech streichen.
Zum Erstarren in den Kühlschrank stellen.
Die Fleischstücke aus dem kalten Sud nehmen.
Den Sud mit dem Dill zu einer Dillsauce mixen.
Etwas Dillsauce auf eine Platte mit Rand gießen und die Kalbswürfel darauflegen.
Die Meerrettichbutter mit einem warmen Messer in 12 Stücke in der Größe der Kalbswürfel schneiden und auf das Fleisch legen.
Mit Dill und evtl. ein paar grünen Erbsen garnieren.
Ich habe meine auch mit etwas gutem Olivenöl beträufelt!

32.

CHICKEN LOLLIPOPS

12 Stück

12 DRUMSTICKS VOM HUHN, D.H. DER OBERE TEIL DES FLÜGELS
3 EL MAISSTÄRKE
1 VERQUIRLTES EI ZUM PANIEREN
200 ML UNGEKOCHTE ZERSTOSSENE GLASNUDELN (IM MÖRSER ZERSTOSSEN ODER MIXEN UND MIT EINEM MESSBECHER ABMESSEN)
SALZ
200 ML SPEISEÖL ZUM BRATEN
DIPSAUCE NACH WAHL, Z.B. SWEET-CHILI-DIP UND/ODER SCHARFE MANGOSAUCE
FRISCHER KORIANDER

Mit einem kleinen, scharfen Messer oben am Hühnerflügel einen Schnitt um den Knochen machen.
Das Fleisch zum unteren Teil des Knochens ziehen und umstülpen, sodass es eine Kugel bildet.
Das Hühnchen zuerst in Maisstärke und dann in Ei wenden.
Anschließend mit Glasnudeln panieren und salzen.
In reichlich Öl bei mittlerer Hitze auf jeder Seite ca. 5 Minuten braten.
Anschließend bei 150 °C für 10 Minuten in den Ofen schieben, sodass sie durchgegart und richtig knusprig sind.
Die Chicken Lollipops mit Dipsauce nach Wahl servieren.
Auf dem Bild habe ich sie mit Koriander, Chili, etwas Sweet-Chili-Dip und scharfer Mangosauce garniert.

Auf Youtube gibt es viele Filme, die zeigen, wie man diese Art von Hühnchen macht. Suchen Sie einfach nach Chicken Lollipop.

33.

KNUSPRIGE PEKINGENTE

Dieses Rezept würde wahrscheinlich bei vielen Chinesen einen Aufschrei auslösen, weil es nur wenig mit dem Original zu tun hat. Die Zutaten sind dieselben, aber ich habe die Zubereitungsart vereinfacht und etwas verändert.

12 Stück

12 REISMEHLPFANNKUCHEN (IN ASIA-LÄDEN ERHÄLTLICH)
ÖL ZUM BRATEN
300 G ENTENBRUST, IN STREIFEN GESCHNITTEN
100 ML DUCK SAUCE (ODER HOISIN-SAUCE)
EISBERGSALAT
100 G GURKE, IN STÄBCHEN GESCHNITTEN
100 G LAUCH, IN STÄBCHEN GESCHNITTEN
FRITTIERTE GLASNUDELN (KÖNNEN WEGGELASSEN WERDEN, SIND ABER LECKER, WENN MAN ES BESONDERS KNUSPRIG WILL)

Normalerweise dämpft man die Pfannkuchen für Pekingente, aber ich brate sie in Öl, sodass sie knusprig werden.
Die Pfannkuchen goldbraun braten – sie sollen nur warm werden und eine schöne Konsistenz bekommen.
Die Entenstreifen in einer heißen Pfanne oder einem Wok braten.
Die Sauce darübergießen und ca. 1 Minute einkochen lassen.
Die Ente auf den Pfannkuchen verteilen.
Mit Salat, Gurke, Lauch und, falls gewünscht, mit frittierten Glasnudeln garnieren.
Die Glasnudeln frittiert man in 180 °C heißem Öl.
Roh hineingeben und frittieren, bis sie aufpuffen und keine Blasen mehr werfen.
Vor der Verwendung gut abtropfen lassen.

34.

PORK-TSUKUNE MIT TARE-SAUCE UND WACHTELEIERN

Dieses Gericht ist so etwas wie japanische Teriyaki-Frikadellen. Tare ist die Dipsauce, die man zu Teriyaki isst und die hierzulande als Teriyaki-Sauce bekannt ist.

12 Stück

TARE:
40 G FARINZUCKER
50 ML MIRIN ODER REISESSIG
100 ML SAKE
100 ML HELLE SOJASAUCE
1 TL MAISSTÄRKE
1 EL WASSER
INGWER, GRÜNE PAPRIKA UND CHILI, FEIN GEHACKT (OPTIONAL)
12 WACHTELEIER, EIGELB

TSUKUNE:
300 G SCHWEINEHACKFLEISCH
SALZ UND PFEFFER
12 DÜNNE SCHEIBEN ENTWÄSSERTE AUBERGINE
12 HOLZSPIESSE

Den Farinzucker in einem heißen Topf karamellisieren.
Mirin, Sake und helle Sojasauce hinzufügen.
Aufkochen und zur Hälfte reduzieren lassen.
Die Maisstärke mit dem Wasser anrühren und die Sauce damit binden.
Unter Rühren 1 Minute sieden lassen. Evtl. die fein gehackten Zutaten zufügen.
Die Sauce in 12 kleine Schüsseln verteilen und jeweils ein Wachteleigelb hineingeben.
Die Tsukune zubereiten:
Das Schweinehackfleisch mit Salz und Pfeffer zu einer gleichmäßigen, geschmeidigen Masse vermischen.
12 gleich große ovale Fleischbällchen formen und jedes in eine Auberginenscheibe einrollen.
Auf Spieße stecken und grillen oder braten, bis alles durch ist.
In jede Schüssel mit Tare-Sauce einen Spieß legen und servieren.

35.

GEGRILLTE KALBSRIPPCHEN MIT GOCHU-BBQ

Dieses Gericht kann man natürlich auch mit normalen dicken oder dünnen Schweinerippchen machen, falls Sie keine Kalbsrippchen bekommen.

12 Stück

12 ZERSCHNITTENE RIPPCHEN VOM KALB ODER RIND (ALTERNATIV SCHWEIN)
2 EL GOCHUJANG-PASTE (EINE WÜRZPASTE, DIE IN ASIA-LÄDEN ERHÄLTLICH IST)
2 EL HONIG ODER SIRUP
100 ML HELLE SOJASAUCE
1 ZWIEBEL, GESCHÄLT UND GEHACKT
1 KNOBLAUCH, GESCHÄLT UND GEHACKT
50 ML ESSIG
1 EL INGWER, GEMAHLEN ODER FRISCH
500 ML KALBSBRÜHE
ERDNÜSSE, GERÖSTET UND GEHACKT

Den Ofen auf 200 °C vorheizen.
Gochujang, Honig/Sirup, Sojasauce, Zwiebel, Knoblauch, Essig und Ingwer in einer Schüssel vermischen.
Die Rippchen mit der Mischung einreiben.
In einen ofenfesten gusseisernen Topf mit zugehörigem Deckel geben und 30 Minuten im Ofen backen. Die Kalbsbrühe darübergießen und den Deckel darauflegen.
Die Hitze auf 150 °C reduzieren und die Rippchen weitere ca. 2 Stunden backen.
Sie sind fertig, wenn das Fleisch mürbe ist und sich fast vom Knochen löst und die Flüssigkeit eingekocht ist.
Die Rippchen herausnehmen und abkühlen lassen, am besten über Nacht, so werden sie fester und sind leichter zu halten.
Natürlich kann man sie auch sofort servieren, aber das beste Resultat erzielt man, wenn man sie am Folgetag bei 200 °C nochmals 5–10 Minuten im Ofen grillt, sodass sie eine schöne Farbe bekommen.
Mit gehackten gerösteten Erdnüssen bestreuen und servieren.

36.

KOREANISCHES TATAR MIT KIMCHI UND MISO-MAYO

Koreanische Favoriten in einer tollen Combo. Yukhoe ist ein koreanisches Tatar, das ich in Algenblätter eingerollt habe. Vielleicht hätte ein Koreaner etwas gegen diese Mischung, aber für europäische Geschmacksknospen ist sie der Hit!

12 Stück

TATAR:
3 EL SOJASAUCE
2 TL HONIG
2 TL SESAMÖL
½ KNOBLAUCHZEHE, GESCHÄLT UND GEHACKT
2 TL GERÖSTETER SESAM, SCHWARZ ODER WEISS
300 G IN STREIFEN GESCHNITTENES FLANKSTEAK (DÜNNUNG) ODER ANDERES WEICHES, FETTARMES RINDFLEISCH
½ BIRNE (CA. 40 G), GESCHÄLT UND FEIN GEHACKT
2 NORI-BLÄTTER
FEIN GEHACKTES KIMCHI (GIBT ES FERTIG IN ASIA-LÄDEN, ODER MACHEN SIE ES SELBST, REZEPTE GIBT ES IM INTERNET)

MISO-MAYONNAISE:
1 EIGELB
2 TL MISOPASTE
2 TL REISESSIG (ALTERNATIV ANDERER ESSIG ODER ZITRONENSAFT)
100 ML SPEISEÖL

Für die Miso-Mayonnaise das Eigelb, die Misopaste und den Essig schaumig schlagen.
Das Öl in einem dünnen Strahl zufügen. Das Miso ist bereits salzig, also kein Salz zufügen.
Wenn Sie schummeln wollen, können Sie auch etwas Miso in 100 g fertige Mayonnaise einrühren.
Für die Tamarindenmarinade Sojasauce, Honig, Sesamöl, Knoblauch und die Hälfte des Sesams vermischen.
Das Fleisch und die Birne mit der Marinade vermengen.
5 Minuten ziehen lassen, bevor Sie mit den Rollen beginnen.
Ein Nori-Blatt mit der glänzenden Seite nach unten auf eine Sushi-Matte legen und das Fleisch auf der matten Seite verteilen. Von unten nach oben arbeiten und am oberen Rand ca. 5 cm leer lassen.
Mithilfe der Matte eine Rolle formen. Vom Körper weg arbeiten, sodass der Anfang auf die Stelle trifft, an der das Tatar aufhört.
Sehen Sie zu, dass die Rolle zusammenklebt. Mit der anderen Rolle wiederholen.
Jede Rolle mit einem scharfen Messer in 6 Stücke schneiden.
Auf jedes Stück etwas Kimchi, Miso-Mayonnaise und gerösteten Sesam geben.

Brauchen Sie etwas mehr Anleitung, wie man die Rollen macht? Suchen Sie auf Youtube nach Filmen über Kimbap oder Sushi Roll.

37.

TRUTHAHN-TANDOORI MIT KNOBLAUCH UND JOGHURT

12 Stück

3 EL + 100 G JOGHURT
SALZ
2 EL TANDOORIPULVER
300 G TRUTHAHNFILET, GEWÜRFELT, 1 × 1 CM
12 KLEINE HOLZSPIESSE (SIE KÖNNEN AUCH NORMALE AUF CA. 7 CM ZUSCHNEIDEN, WENN SIE DIE RICHTIGE GRÖSSE NICHT FINDEN)
2 GESCHÄLTE KNOBLAUCHZEHEN IN 12 DÜNNEN SCHEIBEN
ÖL ZUM BRATEN
1 EL OLIVENÖL
85 G BASMATIREIS (ROHGEWICHT), GEKOCHT
BANANENBLÄTTER IN 12 STÜCKEN, CA. 4 × 4 CM (KÖNNEN DURCH KLEINE TELLER ODER ETWAS ANDERES ERSETZT WERDEN, VON DEM MAN ESSEN KANN)

3 EL Joghurt mit Salz und Tandooripulver vermischen.
Den Truthahn mindestens 1 Stunde damit marinieren.
Das Fleisch auf die Spieße stecken, pro Spieß ca. 3 Stücke, und ganz durchgrillen oder -braten.
Die Knoblauchscheiben bei mittlerer Hitze in etwas Speiseöl goldbraun braten.
100 g Joghurt mit dem Olivenöl zu einer Sauce vermengen.
Den Reis auf den Bananenblättern oder Tellern verteilen.
Auf jedes einen Spieß legen, etwas Sauce darüberträufeln und mit den gebratenen Knoblauchscheiben belegen.

38.

PORK GYOZA

12 Stück

100 G WEISSKOHL, GEHACKT
SESAMÖL ZUM BRATEN
200 G SCHWEINEHACKFLEISCH
1 EL SOJASAUCE
24 BLÄTTER GYOZA-TEIG (ODER DIM-SUM-TEIG)
SPEISEÖL ZUM BRATEN
300 ML WARMES WASSER
SWEET-CHILI-DIP (S. 25)

Den Weißkohl bei mittlerer Hitze in Sesamöl braten, bis er weich ist.
Mit Schweinehack und Sojasauce vermischen.
Die Mischung auf 12 angefeuchtete Blätter Gyoza-Teig verteilen (gibt es fertig in Asia-Läden oder in gut sortierten Supermärkten).
Ich verwende einen Pflanzensprüher mit Wasser, aber man kann den Teig auch mit den Fingern befeuchten.
Jeweils ein Blatt darauflegen, sodass es wie kleine Untertassen aussieht.
In die Hand nehmen und zu vier oder fünf Ecken zusammendrücken.
Sie können Ihre Gyozas natürlich formen, wie Sie wollen, wichtig ist nur, dass sie dicht sind.
Auf der Unterseite 1 Minute bei starker Hitze braten.
Dann warmes Wasser daraufgießen, einen Deckel auf die Pfanne legen und auf schwache Hitze herunterdrehen.
Bei geschlossenem Deckel 10 Minuten sieden lassen.
Wenn Sie wollen, können Sie die Gyozas auch in einem Bambuskorb oder Dampfbackofen dämpfen.
Dann werden Sie vorher nicht gebraten.
Mit Dipsauce, Sojasauce und Essig oder – wie ich – mit einer Mischung aus Sweet-Chili-Sauce, Fischsauce, etwas Thai-Basilikum und gewürfelter Papaya servieren.

39.

GOA TACO

Goa Tacos sind Street Food, das wie viele andere Gerichte in New York entstanden ist. Es ist eine Fusion von indischem und mexikanischem Fast Food. Dies ist meine eigene Variante mit Wild und Vindaloo. Sie können jede Art von Fleisch verwenden, aber ich möchte hier eine Lanze für einheimisches Wild brechen. Hier haben die Tiere ohne Stress von dem gelebt, was der Wald zu bieten hat.

12 Stück

ROTI:
CA. 300 G GRAHAMMEHL
SALZ
133 ML MILCH
40 G ZERLASSENE BUTTER

VINDALOO-CURRY:
400 G DAMMHIRSCH-SCHULTER IN KLEINEN WÜRFELN, CA. 1 × 1 CM
1 EL VINDALOO-PASTE ODER -PULVER
SALZ
200 ML GEMÜSEBRÜHE
1 TL FARINZUCKER
200 G JOGHURT

SAMBAL (INDISCHER SALAT):
1 GROSSE TOMATE, FEIN GEHACKT
½ ZWIEBEL, GESCHÄLT UND GEHACKT
2 EL GERÖSTETE KOKOSCHIPS
1 EL OLIVENÖL

Roti: Alle Zutaten vermischen und zu einem geschmeidigen Teig kneten.
12 kleine Kugeln in der Größe von 2-Euro-Stücken formen. Zu runden Fladen mit ca. 8 cm Durchmesser ausrollen.
In einer trockenen, sehr heißen Pfanne braten, bis das Brot eine schöne Farbe hat, ca. 1 Minute auf der einen und 30 Sekunden auf der anderen Seite.
Für das Vindaloo-Curry die Fleischstücke in einem heißen Topf oder Wok anbräunen.
Vindaloo-Paste und Salz zufügen und unter Rühren ca. 2 Minuten braten.
Brühe, Farinzucker und 100 g Joghurt zufügen. Die Hitze reduzieren und ohne Deckel ca. 1 Stunde köcheln lassen, bis das Fleisch mürbe ist.
Währenddessen Tomate, Zwiebel, Kokoschips und Olivenöl vermischen. Zum Servieren etwas Vindaloo-Curry auf die Rotis legen und Sambal sowie den restlichen Joghurt daraufgeben.

40.

BEEF TATAKI

Tataki ist ein japanisches Gericht mit scharf angebratenem rohen Fleisch oder Fisch. Es wird oft mit einem Sojadip oder zu einem Salat serviert. Die Form eignet sich ausgezeichnet als Fingerfood. Hier kommt eine etwas westlichere Variante.

24 Stück

SÜSSKARTOFFEL-AIOLI:
50 G GEKOCHTE SÜSSKARTOFFELN
1 EIGELB
SALZ
1 EL ESSIG
100 ML OLIVENÖL

RINDFLEISCH:
300 G BEEFSTEAK
SALZ UND PFEFFER
24 SHITAKE-PILZE
KRÄUTERSALZ

Für die Süßkartoffel-Aioli die Süßkartoffeln, das Eigelb, etwas Salz und den Essig in einer Küchenmaschine mixen.
Anschließend das Olivenöl in einem dünnen Strahl zufügen, bis sich die Aioli gut bindet. Kalt verwahren.
Das Rindfleisch mit der Faser in quadratische Stäbe schneiden, die ca. 2 cm hoch und breit und ca. 15 cm lang sind.
Das Fleisch rundherum salzen und pfeffern.
Anschließend bei starker Hitze kurz auf allen Seiten anbraten.
Herausnehmen und schnell im Kühl- oder Gefrierschrank abkühlen.
Die Shitake-Pilze auf einem Backblech ca. 10 Minuten im Ofen oder in einer Pfanne rösten.
Zum Servieren das Fleisch in dünne Scheiben schneiden.
Auf jede Scheibe etwas Aioli, geröstete Shitake-Pilze und Kräutersalz geben.

41.

MOLE MIT HÄHNCHEN UND BABY-OKTOPUS

Mole ist ein mexikanisches Nationalgericht, das Schokolade und viele verschiedene Chili-Sorten und Gewürze enthält. Dies ist eine vereinfachte Version.

ca. 12 Stück

MOLE:
200 G HÄHNCHENSCHENKEL, ENTBEINT UND IN SCHEIBEN GESCHNITTEN
1 EL BUTTER
½ ZWIEBEL, GESCHÄLT UND GEHACKT
½ KNOBLAUCHZEHE, GESCHÄLT UND GEHACKT
1 TL CHILIFLOCKEN
1 TL KORIANDER, GEMAHLEN
½ TL ZIMT, GEMAHLEN
½ TL NELKEN, GEMAHLEN
1 STERNANIS
1 TL FARINZUCKER
1 EL ROSINEN
1 EL ERDNÜSSE, GEHACKT
1 EL MANDELN, GEHACKT
200 G FRISCHE TOMATEN, GEHACKT
200 ML HÜHNERBRÜHE
100 G GEPUTZTER BABY-OKTOPUS
50 G DUNKLE SCHOKOLADE

AVOCADO-CREME:
1 AVOCADO
1 LIMETTE, SAFT
SALZ
RÖSTZWIEBELN

Das Hähnchenfleisch in Butter bräunen. Die Zwiebel und den Knoblauch zufügen. Die trockenen Gewürze dazugeben und gut rühren.
Rosinen, Nüsse, Mandeln, gehackte Tomaten und Hühnerbrühe hinzufügen.
Aufkochen und den Tintenfisch hineinlegen.
Die Hitze reduzieren und den Eintopf ca. 1 Stunde sieden lassen, bis die Flüssigkeit eingekocht ist und das Ganze einem Ragout ähnelt. Vom Herd nehmen. Die Schokolade zufügen und rühren, bis sie geschmolzen ist.
Avocado-Creme: Die Zutaten für die Creme in einem Mörser oder einer Küchenmaschine mixen.
Die Mole auf einem kleinen Löffel oder Teller servieren. Avocado-Creme und Röstzwiebeln daraufgeben.

SLIDERS/MINIBURGER

42.

REZEPT FÜR SLIDER-BRÖTCHEN

Hier ist mein persönliches Geheimnis für einen perfekten Slider oder Miniburger! Vorbild ist das mexikanische Brot Cemita Poblana, das ich entdeckt habe, als ich in den Neunzigerjahren in den USA herumgefahren und ein paar Monate in Mexiko geblieben bin. Die Mexikaner füllen es mit allem möglichen, und es erinnert an französische Brioche. Man kann die Brötchen einfrieren. Sie sind die Ausgangsbasis für alle neun Slider-Rezepte.

30–40 Stück

25 G HEFE
150 ML MILCH, LAUWARM
1 EL HONIG ODER ZUCKER
2 EIER + 1 EI (ZUM BESTREICHEN)
CA. 240 G MEHL
50 G BUTTER, ZERLASSEN
1 TL SALZ
SESAM
3 EL OLIVENÖL (ZUM BESTREICHEN)

Hefe, Milch, Honig/Zucker und 2 Eier in einer Rührschüssel vermischen.
Mehl, zerlassene Butter und Salz hinzufügen.
Den Teig 5 Minuten auf niedriger Stufe in einer Küchenmaschine oder 10 Minuten von Hand bearbeiten.
In der Schüssel 30 Minuten gehen lassen.
Den Teig auf eine bemehlte Arbeitsfläche geben. Nicht kneten.
30–40 kleine, runde Brötchen formen und auf einem Backblech unter einem Backtuch 1–2 Stunden gehen lassen.
Mit 1 Ei bestreichen und mit Sesam bestreuen.
Den Ofen auf 220 °C stellen (wenn möglich Kombidampf). Wenn Sie wie ich nur einen normalen Ofen haben, machen Sie es „old school" und stellen Sie eine ofenfeste Schüssel mit Wasser auf den Ofenboden.
Ich spritze meist auch 200 ml Wasser auf den Ofenboden, wenn die Brötchen im Ofen sind.
Das Blech in die Mitte des Ofens schieben und ca. 8–10 Minuten backen, bis die Brötchen eine schöne, helle Farbe haben.
Auf einem Gitter abkühlen lassen und mit Olivenöl bestreichen, dann werden sie besonders saftig.

43.

LAMMBURGER MIT BABA GANOUSH, WEISSER UND ROTER SAUCE

12 Stück

12 SLIDER-BRÖTCHEN (REZEPT SIEHE SEITE 99)

LAMMBURGER:
- 300 G LAMMHACKFLEISCH
- 1 EL OLIVENÖL
- 1 TL GEMAHLENE KORIANDERSAMEN
- 1 TL GEMAHLENER KREUZKÜMMEL
- 2 TL SALZ
- 1 TL ESSIG

WEISSE SAUCE:
- 100 G JOGHURT
- 2 EL MAYONNAISE
- 1 EL OLIVENÖL
- GERIEBENE KNOBLAUCHZEHE, NACH GESCHMACK

ROTE SAUCE:
- 200 ML ESSIG
- 2 EL HELLER SIRUP
- 100 G ROTE CHILIS OHNE STIEL
- 1 KNOBLAUCHZEHE
- 1 SCHALOTTE, GESCHÄLT UND IN SCHEIBEN GESCHNITTEN
- 1 EL TOMATENMARK
- 1 EL SALZ
- 1 TL GEMAHLENE KORIANDERSAMEN
- 100 ML SONNENBLUMENÖL

BABA GANOUSH:
- 1 AUBERGINE, IM OFEN GERÖSTET UND DANN GESCHÄLT
- 1 KNOBLAUCHZEHE, IN SCHEIBEN GESCHNITTEN
- 2 EL TAHINI
- 1 TL KREUZKÜMMEL
- 2 EL ZITRONENSAFT
- 3 EL OLIVENÖL

Das Lammhackfleisch mit den anderen Lammburger-Zutaten zu einer homogenen Masse vermischen und 12 Burger formen.
Die Zutaten für die weiße Sauce miteinander verrühren.
Die rote Sauce ist mein Schnellrezept für Sriracha, eine scharfe Chilisauce.
Ich verwahre sie meist in einer Spritzflasche, und dank des Kochens hält sie sich mehrere Wochen lang.
Dazu alles außer dem Öl in einen Topf geben und bei mittlerer Hitze 20 Minuten köcheln lassen.
Die mittlere Hitze bewirkt, dass die Chilis ihre schöne rote Farbe behalten.
Alles glatt mixen und das Öl in einem dünnen Strahl zufügen, während auf niedriger Stufe weiter gemixt wird.
Die Zutaten für das Baba Ganoush glatt mixen.
Die Brötchen halbieren und grillen/braten.
Das Fleisch mit den anderen Leckereien darauflegen.

44.

FRIPPEBURGER

Frippe ist ein Verwandter meiner Frau, das haben wir herausgefunden, nachdem wir einander schon zehn Jahre kannten, seit er einer unserer ersten Stammgäste im FOOD wurde.
Auf diese königliche Variante eines normalen Burgerhackfleischs Deluxe bin ich gekommen, als ich einen Kochkurs für Frippe und seine Freunde gegeben habe.

12 Stück

300 G FEIN GEMAHLENER RINDERNACKEN
100 G FEIN GEMAHLENES TATAR
50 G ZERLASSENES MARK (KANN WEGGELASSEN WERDEN, GIBT ABER DAS BESONDERE ETWAS)
2 EIGELB
SALZ UND PFEFFER
12 SLIDER-BRÖTCHEN (REZEPT SIEHE SEITE 99)
12 SCHEIBEN TOMATE
12 SCHEIBEN ROTE ZWIEBEL
12 KLEINE SALATBLÄTTER
12 TL MAYONNAISE

Beide Sorten Hackfleisch, evtl. Mark, Eigelb, Salz und Pfeffer zu einer homogenen Masse vermischen, 12 runde Burger formen und grillen oder braten.
Die Brötchen halbieren und grillen/braten, alles mit den übrigen Zutaten zusammenlegen.

45.

STICKY PORK UND COLESLAW

12 Stück

400 G SCHWEINEKAMM IN 3 SCHEIBEN (GEHT SCHNELLER ZUZUBEREITEN)
4 EL IHRES LIEBLINGSGRILLGEWÜRZES
1 EL TOMATENMARK
200 ML ESSIG
1 EL SIRUP
500 ML HÜHNERBRÜHE

12 SLIDER-BRÖTCHEN (REZEPT SIEHE SEITE 99)

COLESLAW:
150 G WEISSKOHL, IN STREIFEN GESCHNITTEN
50 G KAROTTE, IN STREIFEN GESCHNITTEN
50 G LAUCH, IN STREIFEN GESCHNITTEN
SALZ UND PFEFFER
3 EL MAYONNAISE

Den Ofen auf 150 °C vorheizen.
Den Schweinekamm mit dem Grillgewürz einreiben und die Scheiben rundherum anbräunen.
Tomatenmark, Essig, Sirup und Brühe in einer Schüssel vermischen.
Das Fleisch und die Brühemischung in eine ofenfeste Form geben, deren Rand genauso hoch wie das Fleisch ist.
Für 1 Stunde auf mittlerer Schiene in den Ofen stellen.
Das Fleisch wenden und eine weitere Stunde backen.
Haben Sie das Fleisch im Blick, damit es nicht austrocknet, und gießen Sie nötigenfalls Wasser nach; es sollte noch etwas Flüssigkeit in der Form sein, wenn es fertig ist.
Das Fleisch mit einer Gabel zerfasern und mit der restlichen Flüssigkeit mischen, eine Weile stehen lassen, sodass alle Geschmacksrichtungen sich vereinigen.
Währenddessen den Coleslaw zubereiten:
Das Gemüse salzen und pfeffern und dann gut mit den Händen durchkneten.
Ca. 30 Minuten zum Entwässern in einem Sieb liegen lassen.
Das Gemüse in eine Schüssel geben und mit der Mayonnaise vermischen.
Die Brötchen halbieren und grillen/braten und mit Sticky Pork und Coleslaw belegen.

46.

GRIECHENBURGER MIT TAPENADE

Meine Eltern sind Vegetarier, und als ich klein war, gab es in der örtlichen Markthalle einen vegetarischen Burger, den ich geliebt habe, mit Hummus und frittierten Auberginen. Er hieß Türkenburger, also nenne ich meine Variante Griechenburger.

12 Stück

100 G SCHWARZE ENTKERNTE KALAMATA-OLIVEN
1 KNOBLAUCHZEHE, GERIEBEN
3 EL OLIVENÖL + ETWAS MEHR, WENN SIE WOLLEN
12 GROSSE ODER 24 KLEINERE SCHEIBEN ENTWÄSSERTE AUBERGINE
12 GURKENSCHEIBEN
12 SCHEIBEN ROTE ZWIEBEL
12 SCHEIBEN PAPRIKA
12 SCHEIBEN COCKTAILTOMATE
SALZ UND PFEFFER
12 SLIDER-BRÖTCHEN (REZEPT SIEHE SEITE 99)
100 G FETA, IN 12 KLEINEN SCHEIBEN
ETWAS FRISCHER OREGANO, NACH GESCHMACK

In einer Küchenmaschine eine Tapenade aus Oliven, Knoblauch und Olivenöl mixen.
Die Auberginenscheiben grillen oder braten.
Das rohe Gemüse vorsichtig salzen und pfeffern.
Die Brötchen halbieren und grillen oder braten.
Die Slider mit den Zutaten und der Tapenade als unterste Schicht zusammenlegen.
Noch etwas Olivenöl daraufgeben, wenn Sie wie ich ein gutes zu schätzen wissen!

47.

STEAK SLIDER

12 Stück

1 STÜCK (400 G) ENTRECOTE
12 SLIDER-BRÖTCHEN (REZEPT SIEHE SEITE 99)
ETWAS ROTE SAUCE (SIEHE REZEPT AUF SEITE 101) ODER FERTIGE SRIRACHA
12 BLÄTTER BABYMANGOLD

SAUCE BÉARNAISE:
1 EL WEISSWEINESSIG
1 SCHALOTTE, GEHACKT
1 EIGELB
175 BUTTER, GEKLÄRT
10 ESTRAGONBLÄTTER IN ESSIG (GIBT ES AUCH FERTIG EINGELEGT ZU KAUFEN)
TABASCO
WORCESTERSAUCE
SALZ UND PFEFFER

SCHNELLE EINGELEGTE ZWIEBEL:
1 ROTE ZWIEBEL, IN SCHEIBEN GESCHNITTEN
2 EL ROTWEINESSIG
SALZ UND PFEFFER

Das Entrecote so braten, wie Sie es am liebsten mögen, ich mache es meistens *medium rare*.
Das Fleisch in Folie ruhen lassen, während die Sauce béarnaise zubereitet wird:
Den Weißweinessig und die Schalotte ein paar Minuten köcheln, bis der Essig sich zur Hälfte reduziert hat.
Das Eigelb in einer Schüssel über einem siedenden Wasserbad zu einem hellgelben Schaum schlagen.
Die geklärte Butter in einem dünnen Strahl zufügen, dabei weiterschlagen.
Mit Estragon, ein paar Tropfen Tabasco, Worcestersauce, Salz und Pfeffer abschmecken.
Die rote Zwiebel einlegen:
Die Scheiben 5 Minuten in kaltes Wasser legen, abtropfen und dann in den Essig geben.
Salzen und pfeffern und 1 Minute rühren. Vor dem Servieren mindestens 10 Minuten ruhen lassen.
Die Brötchen halbieren und braten oder grillen.
Das Fleisch in dünne Scheiben schneiden und auf den Brötchen verteilen. Einen Klecks Sauce béarnaise und etwas rote Sauce daraufgeben.
Zum Schluss mit eingelegter Zwiebel und Babymangold belegen.

48.

CHICKEN FAJITA, KORIANDERSALSA UND AVOCADO

12 Stück

1 KNOBLAUCHZEHE, GESCHÄLT UND GERIEBEN
SPEISEÖL (ZUM BRATEN)
400 G HÜHNCHENSCHENKEL, IN STREIFEN GESCHNITTEN
2 LIMETTEN, SAFT UND ZESTEN
12 SLIDER-BRÖTCHEN (REZEPT SIEHE SEITE 99)
12 TL SAURE SAHNE
1 AVOCADO, IN 12 STÜCKEN

SALSA:
1 JALAPEÑO, GEHACKT
50 G MANGO, GEWÜRFELT
50 G TOMATENFLEISCH, GEWÜRFELT
25 G PAPRIKA, GEWÜRFELT
25 G GURKE, GESCHÄLT UND GEWÜRFELT
25 G KORIANDER, GEHACKT
EVTL. 1 EL ERDNUSS- ODER KOKOSÖL
SALZ UND PFEFFER

Den Knoblauch vorsichtig in Öl anbraten, das Hühnchen dazugeben und ganz durchbraten. Saft und Zesten von 1 Limette zufügen.
Alle Zutaten für die Salsa vermengen, salzen und pfeffern und den restlichen Limettensaft samt Zesten zur Salsa hinzufügen.
Die Brötchen halbieren und rösten.
1 TL saure Sahne auf dem Boden jedes Brötchens verteilen, dann das Hühnchen darauflegen, dann Salsa und zum Schluss Avocado hinzufügen.

49.

PULLED BRISKET

12 Stück

500 G ROHE UNGEPÖKELTE RINDERBRUST MIT FETTSCHICHT (KANN DURCH Z.B. HOCHRIPPE ODER DÜNNUNG ERSETZT WERDEN)
500 ML FLEISCHBRÜHE
200 G GEHACKTE TOMATEN
1 TL CHILIPULVER
2 TL KREUZKÜMMEL
12 SLIDER-BRÖTCHEN (REZEPT SIEHE SEITE 99)
12 TL SCHMAND, SAURE SAHNE ODER CRÈME FRAÎCHE
6 CORNICHONS, DER LÄNGE NACH HALBIERT
ETWAS GEHACKTER SCHNITTLAUCH, NACH GESCHMACK

Den Ofen auf 150 °C vorheizen.
Die Rinderbrust in einen gusseisernen Topf legen.
Brühe, gehackte Tomaten, Chilipulver und Kreuzkümmel dazugeben.
Ohne Deckel für 30 Minuten auf mittlerer Schiene in den Ofen stellen.
Den Deckel auflegen und weitere 2–3 Stunden im Ofen lassen.
Das Fleisch soll auseinanderfallen, wenn man mit einer Gabel daran zieht.
Die Brötchen halbieren und rösten.
Das Fleisch auf die untere Hälfte legen, dann Schmand, eine Cornichonhälfte und Schnittlauch hinzufügen.

50.

REGENBOGENFORELLE, BACONMARMELADE, EIERCREME UND SENFBLÄTTER

12 Stück

400 G HAUT- UND GRÄTENFREIES REGENBOGENFORELLENFILET
12 SLIDER-BRÖTCHEN (REZEPT SIEHE SEITE 99)
12 BLÄTTER BRAUNER SENF ODER RUCOLA

BACONMARMELADE:
50 G BACON, KNUSPRIG GEBRATEN UND IN FEINE STREIFEN GESCHNITTEN
50 G SCHALOTTEN, GESCHÄLT, FEIN GEHACKT UND GEBRATEN
100 ML KAFFEE
100 ML AHORNSIRUP
3 EL ROTWEINESSIG
1 LORBEERBLATT
2 UMDREHUNGEN AUS DER SCHWARZPFEFFERMÜHLE
1 EL DIJONSENF

EIERCREME:
100 ML SCHLAGSAHNE
6 EIGELB
SALZ UND PFEFFER

Alle Marmeladenzutaten außer dem Senf in einen Topf geben und sieden lassen, bis sie zu einer Marmelade eingekocht sind.
Den Senf zufügen und die Marmelade vom Herd nehmen.
Den Ofen auf 100 °C vorheizen.
Die Sahne und das Eigelb verquirlen, salzen und pfeffern.
Die Eiermasse in eine kleine Form geben, mit Alufolie bedecken und auf mittlerer Schiene ca. 10 Minuten backen, bis die Konsistenz fest, aber nicht trocken ist – die Zeit variiert je nach Größe der Form.
In einer Küchenmaschine glatt mixen.
Die Temperatur auf 150 °C erhöhen und den Fisch auf mittlerer Schiene ca. 8 Minuten backen, bis die Innentemperatur 48 °C erreicht hat.
Den Fisch herausnehmen, salzen und pfeffern.
Die Slider-Brötchen halbieren und grillen oder braten.
Etwas Baconmarmelade, ein Stück Fisch, etwas Eiercreme und die Senf- oder Rucolablätter daraufgeben.

51.

FRITTIERTE AUSTERN

Eine etwas andere Form, Austern zu servieren, aber mit klassischem Zubehör, das den Geschmack verstärkt!

12 Stück

12 AUSTERN, AUSGELÖST
3 EL WEIZENMEHL
2 EIER, VERQUIRLT + 1 EIGELB
100 G PANIERMEHL ODER PANKO (JAPANISCHES PANIERMEHL)
1 + 2 EL SHERRYESSIG
1 TL DIJONSENF
200 ML RAPSÖL
SALZ UND PFEFFER
TABASCO
1 SCHALOTTE, FEIN GEHACKT
400 ML FRITTIERÖL
12 SLIDER-BRÖTCHEN (REZEPT SIEHE SEITE 99)
¼ KOPF EISBERGSALAT, IN STREIFEN GESCHNITTEN
GERIEBENER MEERRETTICH, NACH GESCHMACK (ZUM GARNIEREN)

Die Austern doppelt panieren, zuerst in Mehl, dann in den verquirlten Eiern und zum Schluss in Paniermehl/Panko wenden.
Das Eigelb mit 1 EL Sherryessig verquirlen, den Dijonsenf zufügen, das Öl in einem dünnen Strahl zugießen und dabei weiterschlagen, nach 100 ml salzen und pfeffern. Mit Tabasco abschmecken, und fertig ist die herrlich pikante Tabasco-Mayonnaise!
Die Schalotte in den restlichen Sherryessig einlegen.
Die Austern kurz goldbraun frittieren.
Man kann sie auch in Öl bei mittlerer Hitze braten.
Die Brötchen halbieren – für diese Combo ist es nicht so gut, sie zu braten oder grillen.
Etwas Tabasco-Mayonnaise auf die Brötchen geben, dann Salat, Austern und Zwiebeln.
Etwas Meerrettich darüberreiben.

GEGRILLTES

52.

GERÄUCHERTE EIER

12 Hälften

6 EIER
1 AVOCADO
1 LIMETTE, SAFT
1 EL OLIVENÖL
SALZ
CHILI UND KORIANDER (KANN WEGGELASSEN WERDEN)

Ca. 5 Stück Grillkohle oder Briketts im Grill anzünden.
In die eine Ecke legen, sodass die Eier geräuchert werden können, ohne dass sie mit Feuer oder Glut in Kontakt kommen. (Das nennt man indirektes Grillen.)
Ca. 500 ml eingeweichte Räucherspäne der gewünschten Sorte über die Kohle legen.
Ich habe einen Apfelbaum und verwende meist Zweige, die ich vom Beschneiden aufgehoben habe.
In diesem Fall in kleinere Stücke sägen, damit sie im Grill Platz finden.
Solche kann man auflegen, ohne sie einzuweichen.
Ansonsten kann man Räucherspäne im Laden kaufen.
Die rohen Eier auf die leere Seite des Grills legen und die Hitze mit der Lüftungsklappe regulieren, sodass die Temperatur so niedrig wie möglich ist.
Sie sollen bei geschlossenem Deckel bei 110 °C 2 Stunden geräuchert werden.
Währenddessen die Avocado-Salsa zubereiten:
Die Avocado in kleinere Stücke hacken und mit etwas Limettensaft und Olivenöl vermengen.
Salzen und nach Belieben etwas Chili und Koriander zufügen.
Die geräucherten Eier halbieren und Avocado-Salsa daraufgeben.
Sie sind etwas schwer zu schälen, deshalb halbiere ich sie mit Schale.
Machen Sie es, wie Sie wollen!

53.

GRILLSPIESSE MIT HALLOUMI

12 Stück

200 G HALLOUMI, IN 12 STÜCKEN
200 G ZUCCHINI, IN 12 STÜCKEN
12 CHAMPIGNONS
2 EL OLIVENÖL
FRISCHER THYMIAN
GERÄUCHERTES PAPRIKAPULVER
12 KURZE EINGEWEICHTE HOLZSPIESSE

Den Grill anheizen.
Ein Stück Halloumi, ein Stück Zucchini und einen Champignon auf jeden Spieß stecken.
Das Öl mit Thymian und geräuchertem Paprikapulver (oder etwas anderem, das sie mögen) vermischen.
Die Spieße grillen, bis sie rundherum eine schöne Farbe haben.
Kurz vor dem Servieren mit dem Würzöl bestreichen.

54.

GEGRILLTE BABY BACK RIBS

Die einfachste Art, Baby Back Ribs zu grillen, ist, sie zuerst in den Ofen zu schieben. Auf diese Weise können Sie sie vorbereiten, bevor die Gäste kommen, und sie dann kurz vor dem Servieren grillen.

ca. 24 Stück

2 RIPPENSTÜCKE
GRILLGEWÜRZ
200 ML BARBECUESAUCE

Den Ofen auf 150 °C vorheizen.
Das Fleisch mit Ihrem Lieblingsgrillgewürz einreiben.
Auf einen Rost über ein Backblech legen und im Ofen ca. 30 Minuten pro Seite backen.
Mit Alufolie bedecken und eine weitere Stunde backen.
Das Fleisch zwischen den Knochen auseinander schneiden und die Stücke auf den Grill legen.
Mit Barbecuesauce bestreichen und mindestens ein paarmal wenden.
Dabei jedes Mal erneut mit Barbecuesauce bestreichen.
Sie sollten ca. 15 Minuten gegrillt werden, bis sie eine schöne Farbe haben und ordentlich mit Barbecuesauce bedeckt sind.

55.

QUESADILLAS

12 Stück

1 KNOBLAUCHKNOLLE
150 G GEKOCHTE SCHWARZE BOHNEN
GEHACKTE JALAPEÑOS NACH GESCHMACK
50 G CHEDDAR, GERIEBEN
4 WEIZENTORTILLAS MIT CA. 20 CM DURCHMESSER

Den Grill anheizen.
Den ganzen Knoblauch grillen, sodass er einen milden und fein rauchigen Geschmack bekommt und weich und leicht zu verarbeiten wird.
Die Knoblauchzehen schälen und zusammen mit den schwarzen Bohnen mit einer Gabel zerdrücken.
Die Jalapeños und den geriebenen Käse untermischen.
Die Füllung in einer ca. 5 mm dicken Schicht auf zwei Tortillas streichen, sodass sie ganz bedeckt sind.
Die anderen beiden darauflegen wie bei einem Sandwich.
Die Quesadillas auf jeder Seite ca. 1–2 Minuten grillen.
Anschließend jede in 6 Stücke schneiden.

56.

MUSCHELN UND RIESENGARNELEN MIT CHIMICHURRI

Chimichurri ist eine Grillsauce, die aus Argentinien und Uruguay stammt, heute aber in ganz Südamerika verbreitet ist. Sie wurde vor allem für das Gericht Asado verwendet, passt aber ausgezeichnet zu allem Gegrillten.

12 Stück

CHIMICHURRI:
50 ML OLIVENÖL
50 ML ZITRONENSAFT ODER ESSIG
2 SCHALOTTEN, GESCHÄLT UND GEHACKT
1 KNOBLAUCHZEHE, GESCHÄLT UND GEHACKT
25 G GLATTE PETERSILIE
1 ROTER CHILI, GEHACKT, ODER CHILIFLOCKEN
SALZ UND PFEFFER

MUSCHELN UND RIESENGARNELEN:
12 GRÜNSCHALMUSCHELN MIT SCHALE
12 RIESENGARNELEN MIT SCHALE

Für das Chimichurri alle Zutaten vermischen.
Mit Salz und Pfeffer abschmecken. Den Grill anheizen.
Wenn der Grill richtig heiß ist, die Riesengarnelen und Muscheln mit der Schale nach unten darauflegen. Etwas Chimichurri in jede Schale geben und weitergrillen, bis es anfängt zu zischen und Blasen zu werfen.
Die Garnelen brauchen auf jeder Seite ca. 2 Minuten.
Auf einen Teller legen und ein paar Löffel Chimichurri über Garnelen und Muscheln geben.
Die restliche Sauce dazu servieren.

57.

GEGRILLTER MAIS MIT GERÄUCHERTER BUTTER, KNOBLAUCH UND INGWER

12 Stück

100 G BUTTER
1 ANCHO-CHILI
½ KNOBLAUCH, GESCHÄLT
1 LIMETTE IN HÄLFTEN
1 STÜCK INGWER, DAUMENGROSS, IN SCHEIBEN
4 VORGEKOCHTE MAISKOLBEN, IN 3 STÜCKE GETEILT (WENN SIE RICHTIG FRISCH SIND, KANN MAN SIE AUCH GLEICH GRILLEN)

Den Grill anzünden und mit der Lüftungsklappe so regulieren, dass die Hitze niedrig ist.
Ein paar Räucherspäne oder frische Obstbaumzweige darauflegen.
Zuerst die Butter räuchern:
Die kalte Butter in einen kleinen grillfesten Topf legen und auf den rauchigen Grill stellen.
Einen ganzen Ancho-Chili, einen halben Knoblauch, die Limettenhälften und den Ingwer ebenfalls auf den Rost legen.
Die Butter und die übrigen Zutaten bei ca. 100 °C 30 Minuten räuchern.
Den Chili, den Ingwer und den Knoblauch vom Grill nehmen und grob hacken.
In die brutzelnde Butter geben und den Saft der geräucherten Limettenhälfte darüberpressen.
Die Butter vom Grill nehmen, damit sie nicht verbrennt, und dann die Temperatur maximal erhöhen.
Wenn Sie den Grill in Fahrt gebracht haben, die Maiskolben auflegen.
Mit der geräucherten Kräuterbutter bestreichen und regelmäßig übergießen.
Der Mais ist fertig, wenn die Stücke rundherum eine schöne Farbe haben.

58.

ENTE „KUSHIYAKI"

Kushiyaki ist die Bezeichnung für japanische Grillspieße, die aus allem möglichen bestehen können. Yakitori ist bei uns am bekanntesten. Es wird traditionell mit Hühnchen gemacht. Hier versuchen wir es stattdessen mit Ente.

12 Stück

2 EL SOJASAUCE
1 EL HONIG
1 TL SESAM
1 TL SESAMÖL
1 ENTENBRUST, IN 12 SCHEIBEN GESCHNITTEN, MIT FETT
12 EINGEWEICHTE HOLZSPIESSE

Sojasauce, Honig, Sesam und Sesamöl zu einer Marinade verrühren.
Die Entenbrustscheiben in die Marinade legen.
10 Minuten marinieren lassen.
Das Fleisch auf Spieße stecken, jede Scheibe auf einen.
Den Spieß rasch ca. 1 Minute pro Seite grillen.

59.

GEGRILLTER STRÖMLING MIT GERÄUCHERTER AIOLI

12 Stück

400 G KARTOFFELN
SALZ UND PFEFFER
1 KNOBLAUCHZEHE, GESCHÄLT
2 EIGELB
2 ZITRONEN (WOVON 1 FÜR DIE AIOLI IST)
200 ML RAPSÖL
6 GANZE AUSGENOMMENE FRISCHE STRÖMLINGE
EVTL. KRÄUTER (ICH HABE ETWAS KERBEL MIT SCHÖNER LAKRITZNOTE GENOMMEN)

Die Kartoffeln in Salzwasser kochen.
Den Grill anheizen.
Ca. 50 g der Kartoffeln schälen.
Die Hitze des Grills reduzieren, indem die Lüftungsklappe fast ganz geschlossen wird.
Räucherspäne oder aromatische Zweige von z. B. Apfel, Erle, Kirsche oder Eberesche auflegen.
Die geschälten Kartoffeln und die Knoblauchzehe bei geschlossenem Deckel 20 Minuten räuchern.
Aus den geräucherten Kartoffeln und dem Knoblauch Aioli herstellen:
Dazu beides in eine Küchenmaschine geben und mit dem Eigelb und dem Saft von einer Zitrone mixen.
Das Rapsöl in einem dünnen Strahl zufügen, während der Mixer läuft, bis die Aioli sich bindet.
Mit Salz und Pfeffer abschmecken.
Den Grill auf Maximaltemperatur bringen.
Die Strömlinge und die restlichen Kartoffeln (halbiert) darauflegen.
Die Fische auf jeder Seite ca. 2 Minuten grillen und die Kartoffeln so lange, bis sie eine schöne Konsistenz und Farbe haben.
Die Kartoffeln mit der Aioli anrichten und gegrillten Strömling darauflegen.
Mit Zitrone servieren.

60.

CARNITAS MIT WILDSCHWEIN UND DAMMHIRSCH

Wild ist sehr mager, daher nehme ich die fettesten Stücke vom Bug. Carnitas ist mexikanisch. Das Wort heißt „kleines Fleisch“, aber das Gericht hat viele Verwandte auf der ganzen Welt. Die meisten kennen Pulled Pork, das eine Variante ist. Zu diesem Gericht serviere ich ein Brot, das ich auf dem Grill backe.

12 Stück

200 G WILDSCHWEINBUG
200 G DAMMHIRSCHBUG
2 EL GRILLGEWÜRZ
SALZ UND PFEFFER
SPEISEÖL
2 ZWIEBELN, IN SCHEIBEN
300 ML GEMÜSEBRÜHE
100 ML ESSIG
200 G PFIFFERLINGE
2 FRÜHLINGSZWIEBELN

GRILLBROT:
150 ML MILCH
150 G JOGHURT
25 G HEFE ODER 1 PÄCKCHEN TROCKENHEFE
600 G WEIZENMEHL
1 EI
2 EL SPEISEÖL
2 TL SALZ
1 EL ZUCKER
1 TL NATRON

Den Grill anheizen und auf niedrige Temperatur bringen, ca. 150 °C.
Das Fleisch mit Grillgewürz, Salz und Pfeffer einreiben.
Etwas Speiseöl auf den Boden eines grillfesten gusseisernen Topfes gießen. Das Fleisch hineinlegen. Den Topf für 30 Minuten bei geschlossenem Grilldeckel auf den Grill stellen. Wenn das Fleisch eine schöne Farbe hat, die Zwiebeln dazugeben und die Brühe und den Essig zugießen.
Den Deckel des Topfes und des Grills schließen.
Ca. 2 Stunden auf dem Grill stehen lassen, bis man das Fleisch auseinanderreißen kann.
Ab und zu kontrollieren, ob das Fleisch noch Flüssigkeit hat und nicht verbrennt.
Währenddessen das Grillbrot backen:
Milch und Joghurt auf 37 °C erwärmen und in eine Schüssel geben. Die Hefe in der Flüssigkeit auflösen. Die restlichen Zutaten dazugeben und mindestens 10 Minuten per Hand oder 5 Minuten in einer Küchenmaschine kneten. In der Schüssel 40 Minuten gehen lassen.
Den Teig auf eine bemehlte Arbeitsfläche geben. In 6 gleich große Kugeln teilen und weitere 45 Minuten gehen lassen.
Zu dünnen Fladen ausrollen oder flach drücken. Die Grillseite mit etwas Speiseöl bestreichen und auf den Grill legen. Auf jeder Seite ca. 5 Minuten grillen.
Das Fleisch auseinanderreißen und mit den karamellisierten Zwiebeln im Topf vermischen.
Die Pfifferlinge braten, die Frühlingszwiebeln in Scheiben schneiden und mit dem leckeren, leicht rauchigen Fleisch vermengen.
Evtl. mit etwas Salz und Pfeffer abschmecken. Mit gebrochenem Grillbrot servieren.

61.

GEGRILLTE PFLAUMEN MIT VANILLECREME

12 Stück

1 VANILLESTANGE ODER 1 EL VANILLEZUCKER
200 ML SAHNE
45 G ZUCKER
3 EL MAISSTÄRKE
100 ML MILCH
3 EIGELB
12 KLEINE SCHEIBEN WEISSBROT, AM BESTEN BRIOCHE
6 HARTE PFLAUMEN, ENTSTEINT UND IN HÄLFTEN ZERTEILT
1 EL PUDERZUCKER
EVTL. FRISCHE MINZE ZUM GARNIEREN

Für die Vanillecreme das Mark aus der Vanillestange kratzen.
Sahne, Zucker, Vanillestange und -mark erhitzen. Die Maisstärke in 100 ml Milch auflösen.
Wenn die Sahne zu köcheln beginnt, die Maisstärkemischung einrühren und unter Rühren 3 Minuten kochen.
Den Topf vom Herd nehmen und etwas abkühlen lassen (auf ca. 70 °C).
Das Eigelb einrühren und den Topf bei schwacher Hitze zurück auf den Herd stellen.
Unter Rühren sieden, bis die Creme 90 °C hat oder eindickt. Sie darf nicht kochen.
Im Kühlschrank abkühlen lassen.
Brot und Pflaumenhälften grillen.
Zum Servieren:
Das Brot mit etwas Puderzucker bestreuen, etwas Vanillecreme daraufgeben und mit den Pflaumen belegen. Nach Belieben mit etwas Minze garnieren!

BROT UND MEHR

62.

CROSTINI MIT KAPAUNLEBER-MOUSSE UND GLASIERTEN FEIGEN

12 Stück

200 G KAPAUNLEBER
1 ZWIEBEL, GESCHÄLT UND IN SCHEIBEN GESCHNITTEN
1 KNOBLAUCHZEHE, GESCHÄLT UND IN SCHEIBEN GESCHNITTEN
BUTTER UND OLIVENÖL (ZUM BRATEN)
SALZ UND PFEFFER
100 ML PORTWEIN ODER SÜSSER ROTWEIN
100 G KALTE BUTTER, GEWÜRFELT
12 DÜNNE SCHEIBEN BAGUETTE ODER ANDERES BROT

GLASIERTE FEIGEN:
1 SCHALOTTE, GESCHÄLT UND IN SCHEIBEN GESCHNITTEN
3 EL AHORNSIRUP
1 ZITRONE, SAFT UND GERIEBENE SCHALE
2 FEIGEN, IN 12 SPALTEN

Leber, Zwiebel und Knoblauch in etwas Butter braten, anschließend salzen und pfeffern.
Wenn die Leber *medium rare* ist, den Wein zufügen.
Sieden lassen, bis sie *medium well* ist, also ca. 62 °C Innentemperatur hat.
Die Leber in einer Küchenmaschine glatt mixen und nach und nach die kalte Butter zufügen, bis man sie in der Mousse nicht mehr sieht.
In den Kühlschrank stellen, bis das Ganze zu einer formbaren Mousse erstarrt ist.
Die Schalotte in Olivenöl weich und glasig braten.
Ahornsirup, Zitronensaft und -schale zufügen und auf die Hälfte reduzieren lassen.
Die Feigenscheiben hineingeben und vom Herd nehmen.
In eine Schüssel gießen und bei Zimmertemperatur abkühlen lassen.
Die Brotscheiben in Butter und Olivenöl goldbraun braten.
Etwas Mousse daraufgeben und mit einer Feigenscheibe und etwas Schalotte belegen.

63.

CROSTINI MIT SCAGLIONE UND ARTISCHOCKE

Das Rezept für Scaglione – Parmesanmus – ist ein Familienrezept, das ich von meinen italienischen Freunden aus Ravenna habe. Grazie Davide!

12 Stück

100 G PARMESAN, FEIN GERIEBEN
1 SCHALOTTE, GESCHÄLT UND GEHACKT
50 ML OLIVENÖL + ÖL ZUM BRATEN
50 ML ESSIG
SCHWARZER PFEFFER
12 SCHEIBEN BAGUETTE ODER ÄHNLICHES
12 ARTISCHOCKENHERZEN
ETWAS THYMIAN

Parmesan, Schalotte, Olivenöl und Essig in einer Schüssel verrühren, pfeffern und mindestens 1 Stunde ziehen lassen.
Die Scaglione wird am allerbesten, wenn man sie am Vortag macht, weil der Parmesan die Aromen und die Flüssigkeit aufnimmt.
Das Brot in Olivenöl goldbraun braten.
Die Crostini mit Scaglione, Artischockenherzen und etwas Thymian belegen.

64.

BRUSCHETTA MIT MARK UND GERÄUCHERTEM KAVIAR

Dies ist meine Variante eines Klassikers, der ursprünglich von dem bekannten englischen Koch Heston Blumenthal stammt.

12 Stück

1 MARKKNOCHEN, CA. 30 CM, IN DER MITTE GESPALTEN
25 G GLATTE PETERSILIE, GEHACKT
1 SCHALOTTE, GESCHÄLT UND FEIN GEHACKT
3 EL OLIVENÖL
SALZ UND PFEFFER
12 KLEINE BROTSTÜCKE
200 G GERÄUCHERTER ARENKHA-KAVIAR (DAS ORIGINALREZEPT IST MIT RUSSISCHEM KAVIAR)
6 ORANGEN- ODER ZITRONENFILETS
3 KAPERNÄPFEL, HALBIERT, ODER 6 KAPERN

Wenn Sie keine Zeit haben, lassen Sie es, aber hier ist ein kleiner Trick, wenn Sie das Mark ganz weiß haben wollen: Die Markknochen über Nacht in gesalzenes Wasser (10 %) legen, dann werden Blut und andere Unreinheiten herausgesaugt und das Mark wird schneeweiß.
Das Mark bei 220 °C 10 Minuten rösten.
Die gehackte Petersilie und die Zwiebel in einer Schüssel mit etwas Olivenöl vermischen, salzen und pfeffern.
Das Brot grillen und in etwas Markfett wenden, das auf das Blech gelaufen ist.
Ca. 1 TL Mark aus dem Knochen löffeln und auf jedes Brotstück geben.
Mit Kaviar, Petersiliensalat, Orangenfilet und Kapern belegen. **BOOM!**

65.

BRUSCHETTA TONNO ROSSO

6 Stück

1 ZWIEBEL, GESCHÄLT UND GEHACKT
1 KNOBLAUCHZEHE, GESCHÄLT UND GEHACKT
OLIVENÖL (ZUM BRATEN) + 50 ML
1 DOSE (200 G) THUNFISCH IN ÖL
1 EL TOMATENMARK
200 ML ROTWEIN
1 TL ZUCKER
1 LORBEERBLATT
SCHWARZER PFEFFER
6 KLEINE STÜCKE BROT
ETWAS GEHACKTE KRAUSE PETERSILIE

Die Zwiebel und den Knoblauch in Olivenöl sautieren (ein paar Minuten bei mittlerer Hitze braten).
Den Thunfisch abgießen und zusammen mit dem Tomatenmark, dem Rotwein, dem Zucker und dem Lorbeerblatt zufügen.
Die Flüssigkeit einkochen lassen, bis eine homogene Masse entstanden ist.
50 ml Olivenöl einrühren und mit Pfeffer abschmecken.
Die Brotstücke grillen.
1 EL Thunfischmus auf jedes Brot geben und mit Petersilie bestreuen.

66.

CROSTINI MIT ZUCCHINI, ZIEGENKÄSE UND WALNUSS

12 Stück

1 SCHALOTTE, GESCHÄLT UND GEHACKT
1 ZUCCHINI, FEIN GEWÜRFELT
OLIVENÖL (ZUM BRATEN)
SALZ UND PFEFFER
ETWAS GEHACKTE PETERSILIE, NACH GESCHMACK
BROT VOM VORTAG, IN 12 KLEINEN SCHEIBEN
350 G ZIEGENKÄSE, IN 12 STÜCKEN
12 WALNÜSSE, GERÖSTET

Die Schalotte und die Zucchini bei mittlerer Hitze in Olivenöl sautieren, bis sie weich und glasig sind, sie sollen fast auseinanderfallen.
Mit Salz und Pfeffer abschmecken.
Die gehackte Petersilie untermischen.
Das Brot in Olivenöl goldbraun braten und die Crostini wie auf dem Bild zusammenlegen.

67.

SMÖRREBRÖD MIT HÜHNERCURRY

12 Stück

300 G GEBRATENES, GEGRILLTES ODER GEKOCHTES HUHN
1 EL GELBES CURRYPULVER
2 EL APFEL- ODER ANANASSAFT
2–3 EL MAYONNAISE
SALZ UND PFEFFER
12 KLEINE SCHEIBEN ROGGENBROT, CA. 3 × 4 CM
1 KLEINES STÜCK EISBERGSALAT, IN STREIFEN GESCHNITTEN
1 TL SESAM
1 TOMATE, IN SCHEIBEN UND DANN IN STREIFEN GESCHNITTEN
EIN PAAR MINZBLÄTTER NACH GESCHMACK, IN STREIFEN GESCHNITTEN
70 G ERDNÜSSE, GEHACKT

Das Geflügel mit der Hand längs der Faser in kleine Stücke reißen.
Das Currypulver in einer Schüssel in dem Saft auflösen, die Mayonnaise und das Fleisch untermischen.
Mit Salz und Pfeffer abschmecken.
Etwas Hühnercurry auf das Brot geben und mit Eisbergsalat, Sesam, Tomate, Minze und Erdnüssen belegen.

68.

IN ESSIG GEBRATENER SCHWEINEBAUCH MIT SPITZKOHLCREME

12 Stück

50 ML HEISSER 1-2-3-SUD (1 TEIL ESSIG, 2 TEILE ZUCKER, 3 TEILE WASSER)
12 KLEINE BLUMENKOHLRÖSCHEN
200 G SPITZKOHL
OLIVENÖL
SALZ UND PFEFFER
1 EL BUTTER + ZUM BRATEN
1 EL SCHLAGSAHNE
1 STÜCK (300 G) GERÄUCHERTER SCHWEINEBAUCH
1 STÜCK ROGGENBROT
100 ML ROTWEINESSIG
2 EL HONIG
5 LORBEERBLÄTTER
ETWAS FRISCHER THYMIAN (ZUM GARNIEREN)

Den Ofen auf 175 °C vorheizen. Den 1-2-3-Sud aufkochen, den Blumenkohl hineingeben, vom Herd nehmen und stehen lassen, bis er abgekühlt ist.
Den ganzen Spitzkohl mit Olivenöl einreiben, mit Salz und Pfeffer würzen und im Ofen auf mittlerer Schiene ca. 45 Minuten backen, bis er weich ist.
Den Kohl in einer Küchenmaschine zusammen mit Butter und Sahne glatt mixen.
Mit Salz und Pfeffer abschmecken, aber denken Sie daran, dass der Schweinebauch bereits ziemlich salzig ist.
Den Schweinebauch und das Brot in 12 gleich große Scheiben schneiden.
Den Essig, den Honig und die Lorbeerblätter in einer Pfanne aufkochen.
Den Schweinebauch hineingeben und köcheln lassen, bis die Flüssigkeit eingekocht ist.
Das Fleisch in der Pfanne in seinen Säften und im Fett karamellisieren lassen.
Herausnehmen, wenn es eine schöne Farbe bekommen hat, und auf Küchenpapier abtropfen lassen.
Das Roggenbrot in Butter braten oder ungebraten lassen, wie Sie wollen.
Ein Stück Fleisch auf jedes Brot legen und Spitzkohlcreme, Blumenkohl und Thymian daraufgeben.

69.

MATJES MIT GEBRÄUNTER BUTTER UND EIGELB

12 Stück

2 L WASSER
1 EL SALZ
3 + 3 EL ESSIG
12 EIER, AM BESTEN KLEINE
OLIVENÖL
25 G DILL, GEHACKT
100 ML GEBRÄUNTE BUTTER
4 MATJESFILETS, IN JEWEILS 3 STÜCKE GETEILT
1 BECHER SAURE SAHNE
ROGGENBROT, IN 12 KLEINEN SCHEIBEN
12 GEBRATENE KARTOFFELSCHEIBEN

Wasser und Salz in einem Topf aufsetzen und mit 3 EL Essig würzen.
Während das Wasser aufkocht, die Eier trennen und die Eigelbe vorsichtig in eine Schüssel geben, sodass sie nicht kaputt gehen. 3 EL Essig darübergießen.
Wenn das Wasser kocht, mit einem Schaumlöffel einen Wirbel im Topf verursachen, ein Eigelb nach dem anderen nehmen und im Wirbel versenken.
Die Eier 4 Minuten pochieren, dabei den Wirbel nicht mehr weiterdrehen.
Wenn Sie geschickt sind, pochieren Sie alle Eigelbe auf einmal!
Die Eigelbe vorsichtig herausnehmen und auf einen Teller mit einem Spritzer Olivenöl legen, sodass sie nicht trocken werden.
Den gehackten Dill zur gebräunten Butter hinzufügen.
Die warme gebräunte Butter über den Matjes gießen.
Einen Klecks saure Sahne auf jedes Stück Brot geben, dann die Kartoffeln, die Matjesstücke mit etwas Butter und zum Schluss das Eigelb darauflegen.

70.

ROTE BETE, FETADRESSING, EINGELEGTE ZWIEBELN UND FRITTIERTER ROSENKOHL

12 Stück

3 EL GRIECHISCHER JOGHURT
50 G FETA, ZERBRÖCKELT
OLIVENÖL
300 G GEKOCHTE ROTE BETE, GEWÜRFELT
1 PERLZWIEBEL, IN SCHEIBEN GESCHNITTEN UND IN KALTEM WASSER EINGEWEICHT
3 EL WEISSWEINESSIG
¼ TL SALZ
1 TL ZUCKER
12 KLEINE SCHEIBEN ROGGENBROT, CA. 3 × 4 CM
3 ROSENKOHLRÖSCHEN, FRITTIERT ODER IN ÖL GEBRATEN, JEWEILS IN 4 STÜCKE ZERTEILT

Den Joghurt mit dem zerbröckelten Feta und einem Schuss Olivenöl vermengen.
Die Rote Bete untermischen.
Die Zwiebel wird milder, wenn man sie eine Weile in kaltes Wasser legt.
Anschließend in Essig, Salz und Zucker einlegen.
Ca. 10 Minuten marinieren lassen, sodass sie weich wird.
Das belegte Brot wie auf dem Bild oder nach Belieben zusammenstellen.

71.

EINGEKOCHTER LACHS, KAPERNMAYO UND PRESSGURKE

12 Stück

100 ML WEISSWEINESSIG
45 G + 1 EL ZUCKER
300 ML WASSER
1 ZWIEBEL, GESCHÄLT UND IN SCHEIBEN GESCHNITTEN
1 KAROTTE, IN SCHEIBEN GESCHNITTEN
DILL, GEHACKT, NACH GESCHMACK
2 EL SALZ
360 G LACHSFILET, IN 12 STÜCKEN
1 EL GEHACKTE KAPERN
100 G MAYONNAISE
150 G GURKE, GESCHÄLT UND FEIN GEWÜRFELT
2 EL ESSIG
ETWAS KRAUSE PETERSILIE, GEHACKT, NACH GESCHMACK
12 KLEINE STÜCKE ROGGENBROT

Den Ofen auf 150 °C vorheizen.
Den Sud für den Lachs zubereiten: Essig, 45 g Zucker, Wasser, Zwiebel, Karotte, Dill und Salz aufkochen.
Die Lachsstücke in eine ofenfeste Form mit hohem Rand geben, den kochenden Sud darübergießen, sodass sie bedeckt sind, und auf mittlerer Schiene für 10 Minuten in den Ofen stellen.
Herausnehmen und den Lachs im Sud abkühlen lassen.
Die Kapern mit der Mayonnaise verrühren.
Für Großmutter Lillys Pressgurke die gewürfelte Gurke mit Essig, 1 EL Zucker und gehackter Petersilie in eine Schüssel geben.
Eine Scheibe Roggenbrot mit Lachs und Kapernmayo belegen und mit Pressgurke sowie Karotten und Zwiebeln aus dem Sud garnieren.

72.

MINISANDWICH MIT GURKE, AVOCADO UND TOPINAMBUR-CRISPS

Eine Variante eines britischen Klassikers, die an einem warmen Sommertag immer gut ankommt. Hier habe ich die Chips etwas anders gemacht als die Potato Crisps, die sonst dabei sind. Ich würde dazu Pimm's servieren.

12 Stück

200 G TOPINAMBUR, IN DÜNNE SCHEIBEN GESCHNITTEN
CA. 400 ML FRITTIERÖL
SALZ UND PFEFFER
24 SCHEIBEN WEISSES TOASTBROT, 4 × 4 CM
MAYONNAISE ODER FRISCHKÄSE
12 GURKENSCHEIBEN, OHNE SCHALE
1 AVOCADO, IN 12 SCHEIBEN GESCHNITTEN

Den Topinambur in 160 °C heißem Öl goldbraun und knusprig frittieren.
Normalerweise frittiert man bei 180 °C, aber das würde den Topinambur verbrennen, bevor er fertig ist.
Zum Abtropfen auf Küchenpapier legen und salzen.
Die Brotscheiben mit Mayonnaise oder Frischkäse bestreichen.
Eine Scheibe Gurke und eine Scheibe Avocado darauflegen, salzen und pfeffern.
Mit den Chips und Ihrem Lieblings-Sommerdrink servieren.

73.

LOBSTER ROLL

12 Stück

300 G GEKOCHTES HUMMERFLEISCH, GROB GEHACKT
2 EL MAYONNAISE
1 EL DIJONSENF
TABASCO, NACH GESCHMACK
SALZ UND PFEFFER
2 EL FEIN GEHACKTER STANGENSELLERIE
1 EL GEHACKTER LAUCH
ETWAS DILL, NACH GESCHMACK
SALZ UND PFEFFER
12 ROLLS (SIEHE REZEPT FÜR SLIDER-BRÖTCHEN AUF SEITE 99, ABER ZU KLEINEN HOT-DOG-BRÖTCHEN FORMEN UND NICHT MIT EI BESTREICHEN)

Alle Zutaten außer dem Brot zu einem Salat vermischen. Jedes Brötchen der Länge nach aufschneiden und füllen.

74.

KRABBENMUS MIT EINGELEGTEN ZWIEBELN

12 Stück

2 WACHSWEICHE EIER (6,5 MINUTEN IN KOCHENDEM WASSER), GEHACKT
2 GEKOCHTE KARTOFFELN, GEWÜRFELT (MIT SCHALE KOCHEN UND DANN WÜRFELN, DAS IST AM BESTEN)
100 G GEKOCHTES KRABBENFLEISCH (GEMEINT SIND NICHT NORDSEEGARNELEN, SONDERN ECHTE KRABBEN)
1 EL MAYONNAISE
1 EL SAURE SAHNE
12 KLEINE KREISE AUS TOASTBROT
BUTTER
6 KLEINE ROTE ZWIEBELN, GESCHÄLT UND 5 MINUTEN IN 100 ML ROTWEINESSIG GEKOCHT
ETWAS GEHACKTER SCHNITTLAUCH (ZUM GARNIEREN)

Eier, Kartoffeln, Krabbenfleisch, Mayonnaise und saure Sahne zu einem Mus vermischen. Die Brotscheiben in Butter braten, mit dem Mus belegen und mit Zwiebeln und Schnittlauch garnieren.

75.

CURRY-HACKFLEISCH-FOCACCIA

Vor langer Zeit, als ich in den USA herumgefahren bin und in die italienischen Viertel von San Francisco kam, haben alle coolen Lokale spannende Sandwiches aus Focaccia-Brot serviert. „Das mache ich auch, wenn ich mein eigenes eröffne", dachte ich, und als ich 1996 mit Guy Taylor das FOOD startete, hatten wir als erstes Lokal in Stockholm das Brot in verschiedenen Varianten auf der Speisekarte. Es wurde ein Hit, und die Leute standen draußen Schlange. Heute ist Focaccia auf den Speisekarten eine Selbstverständlichkeit. Guy ist aus Südafrika und liebt es, alles mit Curry zu würzen, also haben wir diese Combo erfunden.

24 Stück

CA. 150 G CHEDDAR UND MOZZARELLA, GERIEBEN

CURRY-HACKFLEISCH:
300 G HACKFLEISCH
1 ZWIEBEL, GESCHÄLT UND GEHACKT
1 KNOBLAUCHZEHE, GESCHÄLT UND GEHACKT
OLIVENÖL (ZUM BRATEN)
2 EL GELBES CURRYPULVER
1 CHILI, GEHACKT
SALZ UND PFEFFER
200 G GEHACKTE TOMATEN
1 LORBEERBLATT

FOCACCIA:
2 EL OLIVENÖL + FÜR DEN TEIG IN DER FORM
480–540 G WEIZENMEHL TYPE 550
2 TL SALZ
25 G HEFE
400 ML WASSER
FLEUR DE SEL
ROSMARIN

Das Hackfleisch wird am besten, wenn Sie es am Vortag zubereiten: Hackfleisch, Zwiebeln und Knoblauch in Öl braten. Curry, Chili, Salz und Pfeffer zufügen und alles eine Weile bräunen. Tomaten und Lorbeerblatt dazugeben. Bei mittlerer Hitze ca. 30 Minuten köcheln lassen.
Das Brot backen: Olivenöl, Mehl, Salz und zerbröckelte Hefe in eine Schüssel geben. Das Wasser auf Körpertemperatur anwärmen (37 °C) und in die Mehlmischung einrühren. Den Teig kräftig bearbeiten, bis er sich geschmeidig anfühlt. Unter einem Backtuch ca. 40 Minuten gehen lassen. Den Ofen auf 225 °C vorheizen. Eine Fettpfanne (ca. 30 × 40 cm) mit Olivenöl bestreichen. Den aufgegangenen Teig direkt in die Fettpfanne geben und mit öligen Händen flachdrücken. Kleine Mulden in den Teig machen und Olivenöl darin verteilen. Ohne Backtuch ca. 35 Minuten gehen lassen. Mit kaltem Wasser bestreichen und mit Fleur de Sel und Rosmarin bestreuen. Auf mittlerer Schiene ca. 35 Minuten backen.
Die Focaccia halbieren und das Hackfleisch auf der unteren Hälfte verteilen, mit Käse bestreuen und bei 200 °C Grillfunktion 5 Minuten gratinieren. In 24 Stücke teilen und genauso viele Brotdeckel darauflegen. Im FOOD haben wir noch Rucola darauf gestreut.

76.

GEGRILLTES SANDWICH MIT PESTO, TOMATE UND HÄHNCHENSCHENKEL

12 Stück

25 G BASILIKUM
25 G PINIENKERNE
1 KNOBLAUCHZEHE
100 ML OLIVENÖL + FÜR DIE BROTSCHEIBEN
6 COCKTAILTOMATEN, HALBIERT UND IM OFEN GERÖSTET (10 MINUTEN BEI 200 °C)
SALZ UND PFEFFER
6 SCHEIBEN GUTES SAUERTEIGBROT
3 HÄHNCHENSCHENKEL, ENTBEINT UND GEGRILLT
2 MOZZARELLA, IN SCHEIBEN GESCHNITTEN

Den Ofen auf 200 °C vorheizen.
Basilikum, Pinienkerne, Knoblauch und Olivenöl in einer Küchenmaschine mixen.
Das Pesto in eine kleine Schüssel geben und die gerösteten Tomaten untermischen.
Salzen und pfeffern.
Die Brotscheiben mit etwas Olivenöl beträufeln und kurz bei starker Hitze grillen oder braten.
Eine Schicht Pesto auf drei der Scheiben streichen, gegrilltes Hähnchenfleisch und Mozzarella daraufgeben und die restlichen drei Scheiben darauflegen. Mit der Handfläche leicht andrücken, sodass alles zusammen hält.
Kurz in den Ofen schieben, sodass der Mozzarella schmilzt, ca. 5 Minuten.
Jedes Brot in 4 Stücke schneiden.

KÄSE UND AUFSCHNITT

77.

TRÜFFELSALAMISCHNECKEN

12 Stück

2 SCHEIBEN BLÄTTERTEIG, CA. 20 × 20 CM (GIBT ES IM GEFRIERREGAL)
24 DÜNNE SCHEIBEN TRÜFFELSALAMI
1 VERQUIRLTES EI
KÜRBISKERNE (KÖNNEN WEGGELASSEN WERDEN)

Den Ofen auf 180 °C vorheizen.
Den Teig etwas ausrollen, sodass er ca. 2 mm dick ist.
Die Salami über die zwei Scheiben verteilen und die Scheiben zusammenrollen.
Die Rollen rundherum mit Ei bestreichen und mit Kürbiskernen bestreuen.
Im Ofen 15 Minuten backen.
Die Rollen herausnehmen, etwas abkühlen lassen und dann in Scheiben schneiden.
Ich lege sie dann wieder auf das Blech, wie Zimtschnecken, bestreiche sie mit Ei und backe sie weitere 5 Minuten, sodass sie schön goldbraun werden.

78.

GRÜNSCHIMMELKÄSE MIT FEIGEN UND SCHOKOLADE

12 Stück

2 TL OLIVENÖL
50 G DUNKLE SCHOKOLADE, GESCHMOLZEN
2 FRISCHE FEIGEN, IN 12 SPALTEN GESCHNITTEN
FLEUR DE SEL
20 G GEHACKTE HASELNÜSSE
120 G GRÜNSCHIMMELKÄSE (ICH HABE FOURME D'AMBERT VERWENDET), IN 12 STÜCKE GETEILT

Das Olivenöl in die geschmolzene Schokolade einrühren.
Die Feigenspalten bis zur Hälfte in die Schokolade tauchen und dann mit etwas Fleur de Sel und Haselnüssen bestreuen.
Die Feigen ein paar Minuten abkühlen lassen, sodass die Schokolade erstarrt.
Die Käsestücke mit je einer Schokoladenfeige servieren.

79.

SPARGEL MIT LUFTGETROCKNETEM SCHINKEN

12 Stück

12 SCHEIBEN LUFTGETROCKNETER SCHINKEN
2 EL CAESAR DRESSING
12 STANGEN GRÜNER SPARGEL

Die Schinkenscheiben auslegen und mit dem Dressing bestreichen.
Jede Spargelstange in eine Schinkenscheibe einwickeln und in einer Grill- oder Bratpfanne rundherum ca. 5 Minuten braten.
Das Caesar Dressing bewirkt, dass der Schinken am Spargel haften bleibt.
Wenn Sie wollen, können Sie es auch durch verquirltes Ei ersetzen.

80.

BURRATA

Was ist der Unterschied zwischen Burrata und Mozzarella?
Mozzarella ist ein halbfester italienischer Käse aus Kuhmilch oder, noch besser, aus Büffelmilch (Mozzarella di Bufala).
Der Burrata führt den Mozzarella einen Schritt weiter – es ist Mozzarella, der wie eine Tasche geformt und mit Curd und Sahne gefüllt ist.
Das ist natürlich ein besonderes Geschmackserlebnis!

6–10 Stück

300–400 G BURRATA
1 HANDVOLL GERÖSTETE UND GESALZENE MANDELN
50 G OLIVEN
100 G OFENGERÖSTETE TOMATEN
10 BASILIKUMBLÄTTER
30 G KAPERN, AM BESTEN KAPERNÄPFEL
50 ML OLIVENÖL

Den Burrata und die restlichen Zutaten auf einen Teller geben. Das Öl darüberträufeln. Direkt vom Teller essen, jeder mit seiner Gabel, dazu geröstetes Brot servieren.

81.

MOZZARELLASTICKS MIT TOMATENMARMELADE

12 Stück

MARMELADE:

½ ZWIEBEL, GESCHÄLT UND GEHACKT
2 EL OLIVENÖL
500 G GEHACKTE TOMATEN
90 G ZUCKER
2 TL SALZ
SCHWARZER PFEFFER
5 BLÄTTER FRISCHES BASILIKUM

MOZZARELLASTICKS:

2 MOZZARELLA (JE CA. 125 G/STÜCK)
FRISCHES BASILIKUM, GEHACKT
MAISSTÄRKE ODER WEIZENMEHL ZUM PANIEREN
2 VERQUIRLTE EIER
CA. 150 G PANIERMEHL ODER PANKO (JAPANISCHES PANIERMEHL)
FRITTIERÖL ZUM FRITTIEREN ODER BRATEN

Für die Marmelade die Zwiebel bei mittlerer Hitze in Öl sautieren, bis sie weich ist.
Die restlichen Zutaten zufügen und bei schwacher Hitze mindestens 1 Stunde köcheln lassen.
Wenn die Marmelade eingekocht ist und die richtige Konsistenz hat, den Topf von der Platte nehmen.
Die Marmelade vor dem Servieren etwas abkühlen lassen.
Am besten macht man sie am Vortag, dann können sich die Aromen richtig verbinden.
Für die Mozzarella-Sticks den Käse in 12 Stücke teilen.
In dieser Reihenfolge in den Zutaten wenden: Basilikum, Maisstärke/Mehl, Ei und Paniermehl/Panko.
Bei 180 °C frittieren oder braten, bis sie goldbraun und knusprig sind.

82.

ZIEGENKÄSE MIT WALNUSS UND ROTER BETE

12 Stück

12 SCHEIBEN GEKOCHTE ROTE BETE
12 STÜCKE ZIEGENKÄSE À 20 G
2 EL FLÜSSIGER HONIG
12 GERÖSTETE WALNÜSSE
FRISCHER ROSMARIN

Die Rote-Bete-Scheiben auf die Ziegenkäsestücke legen und mit etwas Honig beträufeln. Walnüsse und Rosmarin daraufgeben.

83.

LARDO MIT OLIVEN

12 Stück

12 SCHWARZE OLIVEN, FEIN GEHACKT
2 EL OLIVENÖL
12 FINGERGROSSE STÜCKE GERÖSTETES SAUERTEIGBROT
12 SCHEIBEN LARDO (FETTER ITALIENISCHER SPECK)
PFEFFER
EVTL. THYMIAN ODER ROSMARIN

Die fein gehackten Oliven mit dem Olivenöl vermischen.
Die Paste auf die Croûtons streichen.
Ein Stück Lardo um jedes Brotstück wickeln.
Mit etwas Pfeffer und evtl. gehacktem Thymian oder Rosmarin bestreuen.

84.

BRILLAT SAVARIN MIT ERDBEEREN UND BALSAMICO

Brillat Savarin ist ein französischer fetter, cremiger Käse aus Kuhmilch und Sahne, benannt nach dem französischen Schriftsteller Jean Anthelme Brillat-Savarin, der gesagt haben soll: „Un dessert sans fromage est une belle à qui il manque un œil" – „Ein Dessert ohne Käse ist wie eine Schönheit, der ein Auge fehlt." Die meisten Produkte mit der Bezeichnung Balsamico oder Aceto balsamico di Modena sind normaler Essig, der mit Traubenmost vermischt und mit brauner Lebensmittelfarbe gefärbt worden ist. Richtiger Balsamessig wird im Unterschied zu anderem Essig nicht aus Wein, sondern aus dem frischen Traubenmost hergestellt, der langsam gekocht wird, bis er etwas zähflüssig wird. Echter Balsamessig, Aceto balsamico tradizionale, muss mindestens zwölf Jahre alt sein und wird nur in Modena hergestellt. Und er ist natürlich am besten.

12 Stück

50 G BRILLAT SAVARIN, IN 12 STÜCKE GETEILT
3 ERDBEEREN
2 EL BALSAMICO ODER CREMA DI BALSAMICO

KÄSECRACKER:
65 G LEINSAMEN
80 G WALNÜSSE
125 G SONNENBLUMENKERNE
70 G KÜRBISKERNE
2 EIER
1 TL SALZ

Für die Käsecracker den Ofen auf 170 °C vorheizen.
Samen, Nüsse und Kerne zu einem Mehl mixen.
Die Eier mit dem Salz verquirlen. Das Mehl unterheben. Den Teig auf ein mit Backpapier belegtes Blech streichen. 15 Minuten backen, sodass der Cracker eine schöne Farbe bekommt.
Herausnehmen und etwas abkühlen lassen, aber in Stücke schneiden, während er noch etwas warm ist. Anschließend ganz auskühlen lassen, bis die Cracker hart genug zur Verwendung sind – machen Sie sie am besten am Vortag!
Ein Stück Käse auf jedes Stück Cracker legen.
Die Erdbeeren in 4 Teile spalten, auf den Käse legen und mit Balsamico beträufeln.

85.

ZIEGENKÄSE MIT TROCKENEM CIDRE-GELEE

24 Stück

33 CL TROCKENER CIDRE
10 G AGAR-AGAR
1 APFEL, FEIN GEWÜRFELT
300 G HARTKÄSE AUS ZIEGENMILCH, Z.B. PECORINO, IN 24 STÜCKE GETEILT

Den Cidre aufkochen. Agar-Agar hineingeben und unter Rühren 10 Minuten sieden lassen. Vom Herd nehmen und die Apfelstücke hinzufügen.
Das Gelee auf ein Blech gießen. In den Kühlschrank stellen und gut abkühlen lassen.
Das Gelee in die Größe der Ziegenkäsestücke schneiden, auf den Käse legen und servieren.

86.

SERRANOSCHINKEN MIT MANDELGEFÜLLTEN DATTELN

ca. 24 Stück

12 SCHEIBEN SERRANOSCHINKEN
24 ENTSTEINTE DATTELN
24 GESALZENE MANDELN
OLIVENÖL

Den Ofen auf 200 °C vorheizen.
Den Schinken der Länge nach halbieren, sodass 24 Stücke entstehen.
In jede Dattel anstelle des Kerns eine Mandel stecken.
Die Datteln in den Schinken wickeln, auf ein eingeöltes Backblech legen und für 5 Minuten in den Ofen schieben.
Vor dem Servieren abkühlen lassen.

87.

BRESAOLA MIT RICOTTA UND PINIENKERNEN

12 Stück

100 G RICOTTA
80 G PINIENKERNE, GERÖSTET UND GROB GEHACKT
SALZ UND PFEFFER
12 SCHEIBEN BRESAOLA (NICHT ZU DÜNN, SONST IST SIE SCHWER ZU VERARBEITEN)
25 G RUCOLA

Den Ricotta mit den gehackten Pinienkernen vermischen.
Salzen und pfeffern.
Die Bresaola auslegen.
Die Ricottacreme verteilen und auf die Mitte jeder Scheibe geben.
Mit ein paar Rucolablättern bestreuen und zu kleinen Rollen zusammenrollen.

SÜSSES

88.

PAVLOVA MIT LEMON CURD, SAHNE UND BEEREN

9 Stück

BAISER:
3 EIWEISS
300 G PUDERZUCKER
1 TL ZITRONENSAFT
1 TL ZITRONENZESTEN

LEMON CURD:
3 ZITRONEN, SAFT UND GERIEBENE SCHALE
135 G ZUCKER
50 G BUTTER
3 EIGELB

ZUM SERVIEREN:
200 ML SCHLAGSAHNE
FRISCHE BEEREN
PUDERZUCKER

Den Ofen auf 125 °C vorheizen.
Die Eiweiße, ein Drittel des Puderzuckers, den Zitronensaft und die Zesten bei mittlerer Geschwindigkeit mit dem Rührgerät schlagen, bis die Masse weiß zu werden beginnt.
Den restlichen Zucker untermischen und die Geschwindigkeit erhöhen. Die Masse zu einem festen Baiser schlagen.
Die Baisers etwa in der Größe von 2-Euro-Stücken auf Backpapier spritzen, nicht zu dicht beieinander, weil sie ein wenig aufgehen. Auf mittlerer Schiene ca. 45 Minuten backen – für Pavlova braucht man zähe Baisers.
Für das Lemon Curd den Zitronensaft und die -schale mit dem Zucker und der Butter aufkochen.
Vom Herd nehmen, das Eigelb separat verquirlen und in die Mischung einrühren.
Zurück auf den Herd stellen und unter ständigem Rühren vorsichtig sieden lassen, bis die Zitronencreme eindickt.
In eine Schüssel gießen und abkühlen lassen.
Die Baisers auslegen, etwas Lemon Curd und dann Schlagsahne darauflöffeln und mit Beeren belegen.
Mit Puderzucker bestreuen.

89.

MACARONS MIT HIMBEERSCHAUM

ca. 30 Stück

MACARONS:
3 EIWEISS
¼ TL SALZ
300 G PUDERZUCKER
100 G MANDELN, ÜBERBRÜHT, GESCHÄLT UND GEMAHLEN
100 G PISTAZIEN, GEMAHLEN
½ TL GRÜNE LEBENSMITTELFARBE

HIMBEERSCHAUM:
270 G ZUCKER
50 ML GLUKOSESIRUP
50 ML WASSER
4 EIWEISS
2 GELATINEBLÄTTER
100 G HIMBEERPÜREE
½ TL ROTE LEBENSMITTELFARBE

SCHOKOLADENGUSS:
400 G DUNKLE SCHOKOLADE, GESCHMOLZEN UND MIT 2 EL RAPSÖL VERMISCHT

Den Ofen auf 150 °C vorheizen.
Für die Kekse die Eiweiße und das Salz bei niedriger Geschwindigkeit 2 Minuten schlagen, den Puderzucker hinzufügen und alles ca. 4 Minuten zu einer geschmeidigen, festen Masse schlagen.
Die gemahlenen Mandeln, die Pistazien und die grüne Lebensmittelfarbe einrühren.
Den Teig in einen Spritzbeutel geben und Kreise in der Größe einer 1-Euro-Münze auf ein Blech mit Backpapier spritzen. Auf dem Blech ca. 15 Minuten ruhen lassen.
Auf mittlerer Schiene 12 Minuten backen. Abkühlen lassen.
Für den Himbeerschaum den Zucker, den Glukosesirup und das Wasser mit einem Thermometer darin aufkochen lassen. Wenn der Zuckersud 100 °C hat, das Eiweiß in einer Schüssel aufschlagen. Wenn der Zuckersud 124 °C hat, vom Herd nehmen und unter langsamem Rühren in einem dünnen Strahl in das geschlagene Eiweiß gießen. Wenn aller Zuckersud darin ist, die Geschwindigkeit erhöhen und weiterschlagen, bis das Baiser abgekühlt ist.
Die Gelatineblätter 4 Minuten in kaltem Wasser einweichen, herausnehmen und bei mittlerer Hitze in einem Topf schmelzen. Ca. 200 ml von der Baisermasse abnehmen und mit der geschmolzenen Gelatine verrühren, bis sie sich aufgelöst hat. Alles in die Baisermasse geben und verquirlen. Das Himbeerpüree und die rote Lebensmittelfarbe zufügen.
Die Masse in einen Spritzbeutel geben und einen Klecks auf jeden Keks spritzen. Die Kekse 2 Stunden in den Gefrierschrank stellen, bevor sie in geschmolzene Schokolade getaucht werden.

90.

BANOFFEE

12 Stück

2 EIER
1 EL MAISSTÄRKE
2 BANANEN
100 G PANKO (JAPANISCHES PANIERMEHL)
200 ML FRITTIERÖL
200 ML SCHLAGSAHNE
1 TL ESPRESSOPULVER
1 DOSE KONDENSMILCH, DIE UNGEÖFFNET IN EINEM TOPF MIT WASSER ZU DULCE DE LECHE GEKOCHT WURDE, ODER GEKAUFTE DULCE DE LECHE
100 G MANDELN, GERÖSTET UND GEHACKT

Eier und Maisstärke zu einer Masse verquirlen.
Jede Banane in 6 Stücke schneiden und in die Eiermasse geben.
Jedes Stück in Panko panieren und in Frittieröl bei 175 °C frittieren.
Auf Küchenpapier abtropfen und etwas abkühlen lassen.
Die Sahne mit dem Kaffeepulver schlagen.
Dulce de leche und Sahne auf jedes Bananenstück geben.
Mit gehackten Mandeln bestreuen.

91.

SCHAFSKÄSEKUCHEN MIT PREISELBEEREN

Dies ist eine Kreuzung zwischen schwedischem Käsekuchen und Cheesecake. Ich mache meistens eine eigene Käsemasse aus Schafs- oder Ziegenmilch, aber es geht genauso gut mit Ricotta oder Quark, wenn Sie es etwas einfacher haben wollen.

40 Stück

1 PACKUNG DIGESTIVE-KEKSE
10 PFEFFERKUCHEN
100 G BUTTER IN ZIMMERTEMPERATUR
250 G RICOTTA AUS SCHAFSMILCH
300 ML SCHLAGSAHNE
60 G WEIZENMEHL
135 G ZUCKER
4 EIER
1 ORANGE, GERIEBENE SCHALE
3 BITTERMANDELN, GERIEBEN, ODER 2 TROPFEN BITTERMANDELÖL
110 G MANDELN, FEIN GEHACKT
200 ML GESCHLAGENE SAHNE
200 ML ROH GERÜHRTE PREISELBEEREN (100 ML GEFRORENE PREISELBEEREN MIT 100 ML ZUCKER VERRÜHREN)
EVTL. ZITRONENMELISSE ZUR DEKORATION

Die Kekse und die Pfefferkuchen in einer Küchenmaschine mit der Butter mixen.
Die Masse in einer Springform verteilen und für 30 Minuten in den Kühlschrank stellen.
Den Ofen auf 175 °C vorheizen.
Ricotta, Sahne, Mehl, Zucker, Eier, Orangenschale und Bittermandeln in einer Schüssel vermischen.
Die Käsemasse in die Springform gießen und mit den gehackten Mandeln bestreuen.
Auf mittlerer Schiene 30–45 Minuten backen, bis die Masse gestockt ist und der Kuchen eine schöne Farbe hat.
Den Kuchen abkühlen lassen und kalt stellen, bevor er in kleinere Stücke geschnitten wird.
Die Stücke mit Schlagsahne und roh gerührten Preiselbeeren garnieren.
Auf dem Bild habe ich sie noch mit etwas Zitronenmelisse dekoriert.

92.
ICECREAM SANDWICH

Dies ist einer meiner absoluten Favoriten unter den Fingerfood-Desserts. Ich mache das Eis dafür selbst, aber man kann auch fertiges kaufen, mit Schokoladen- oder Kaffeegeschmack. Sehen Sie zu, dass der Teig beim Backen nicht zu hart wird, er sollte sich leicht in Stücke teilen und essen lassen.

ca. 24 Stück

KAFFEE-EIS:
800 ML SCHLAGSAHNE
360 G ZUCKER
200 ML STARKER KAFFEE
100 ML GLUKOSESIRUP
1 VANILLESTANGE, AUFGESCHNITTEN, MIT AUSGEKRATZTEM MARK
8 EIGELB
2 GELATINEBLÄTTER

KUCHEN:
120 G BUTTER, ZERLASSEN
1 EI
100 G ZUCKER
1 EL VANILLEZUCKER
60 G FEINES WEIZENMEHL
3 EL KAKAO
¼ TL SALZ

Beginnen Sie mit dem Eis, falls Sie kein fertiges kaufen.
Die Sahne mit dem Zucker, dem Kaffee, dem Glukosesirup, der Vanillestange und dem -mark 10 Minuten sieden lassen.
Vom Herd nehmen und unter 60 °C abkühlen lassen. Die Vanillestange herausnehmen. Das Eigelb in einer Schüssel schlagen. Die Hälfte der Sahnemischung dazugießen, verrühren und alles zurück in den Topf geben. Unter Rühren auf 85 °C erhitzen. Die Gelatineblätter 5 Minuten in kaltem Wasser einweichen, ausdrücken und in die warme Masse einrühren, bis sie sich aufgelöst hat.
Die Masse auskühlen lassen und ca. 15–40 Minuten in einer Eismaschine verarbeiten, je nach Modell.
Mindestens 2 Stunden in einer mit Frischhaltefolie ausgekleideten Form von ca. 32 × 26 × 2 cm Größe zu einem Eisblock einfrieren.
Den Ofen auf 150 °C vorheizen und den Kuchen backen: Alle Zutaten mit einem Holzlöffel vorsichtig in einer Schüssel vermischen. 2 Kuchenböden auf 2 Blechen mit Backpapier verteilen, 3 mm dick und in denselben Maßen wie das Eis. 5 Minuten backen.
Die Kuchenböden mit einer Gabel einstechen und 10 Minuten abkühlen lassen. Mit Frischhaltefolie bedecken, sodass sie nicht austrocknen.
Das Eis eine Weile vor der Verarbeitung aus dem Gefrierfach nehmen, es sollte eine Temperatur von ca. – 14 °C haben.
Den Eisblock aus der Form nehmen, auf den einen Kuchenboden legen und den anderen darauflegen. Die Kanten glätten und das Eis-Sandwich mit einem angewärmten Messer in kleine Stücke schneiden, ca. 4 × 2 cm.

93.

BISKUITROLLE × 3

Servieren Sie Biskuitrolle mit drei Füllungen – Key-Lime-Creme, Schokoladencreme und Erdbeermarmelade. Der Teig reicht für ca. 18–24 Stücke.

BISKUITROLLE:
3 EIER
180 G ZUCKER + ZUCKER ZUM WENDEN
2 TL BACKPULVER
120 G MEHL
50 ML SCHLAGSAHNE
ERDBEERMARMELADE ZUM BESTREICHEN

KEY-LIME-CREME:
1 DOSE (400 G) KONDENSMILCH
5 LIMETTEN, SAFT + GERIEBENE SCHALE VON 2 LIMETTEN
5 EIGELB

SCHOKOLADENCREME:
200 ML SCHLAGSAHNE
200 G DUNKLE SCHOKOLADE
1 EL KAKAO
50 G BUTTER

Für die Key-Lime-Creme den Ofen auf 150 °C vorheizen.
Die Kondensmilch mit dem Limettensaft und der -schale vermischen. Vorsichtig ein Eigelb nach dem anderen einrühren. Die Masse in eine Form geben und auf mittlerer Schiene ca. 15 Minuten backen. Die Creme ganz auskühlen lassen.
Für die Schokoladencreme die Sahne in einem Topf mit dickem Boden bis zum Siedepunkt erhitzen. Vom Herd nehmen und die Schokoladenstücke, den Kakao und die Butter hinzufügen. Rühren, bis die Schokolade und die Butter geschmolzen sind, und abkühlen lassen. In eine Schüssel gießen und in den Kühlschrank stellen. Ab und zu umrühren, bis die Creme eingedickt ist, das dauert ca. 1 Stunde.
Jetzt ist es Zeit, den Biskuitteig zu backen. Den Ofen auf 175 °C vorheizen.
Die Eier und den Zucker schaumig schlagen, das Backpulver, das Mehl und zum Schluss die Sahne hinzufügen.
Ein Drittel des Teigs auf ein mit Backpapier bedecktes Blech gießen, der Teig sollte so dünn wie möglich sein. Auf mittlerer Schiene 5 Minuten backen.
Den Kuchen auf ein anderes Backpapier wenden und das Backpapier, auf dem er gebacken wurde, abnehmen. Es löst sich leichter, wenn man es mit Wasser bestreicht. Mit dem Rest des Teigs wiederholen.
Die Füllung auf die lauwarmen Böden streichen. Zusammenrollen und in Zucker wenden. Auskühlen lassen und dann in kleine Stücke schneiden.

94.

APFELMUFFINS

24 Stück

2 EIER
180 G ZUCKER
180 G WEIZENMEHL
2 TL BACKPULVER
2 TL VANILLEZUCKER
2 TL GEMAHLENER ZIMT
2 TL GEMAHLENER KARDAMOM
100 G BUTTER, ZERLASSEN
24 SCHEIBEN EINHEIMISCHE ROTE ÄPFEL, MIT SCHALE
24 HASELNÜSSE
FROSTING (60 G PUDERZUCKER MIT 2 EL ZITRONENSAFT VERRÜHREN)

Den Ofen auf 200 °C vorheizen.
Eier und Zucker in einer Schüssel schaumig schlagen.
Weizenmehl, Backpulver, Vanillezucker, Zimt und Kardamom in einer anderen Schüssel vermischen.
Abwechselnd mit der abgekühlten zerlassenen Butter in die Eiermasse einrühren.
Kleine Muffinformen zu zwei Dritteln füllen, eine Apfelscheibe hineinstecken und eine Haselnuss darauflegen.
Auf mittlerer Schiene 10 Minuten backen.
Vor dem Servieren mit etwas Frosting beträufeln.

95.

SCHOKOLADENKUCHEN MIT KIRSCHEN UND HASELNÜSSEN

Dieser Kuchen stammt aus meiner Zeit bei „Rolfs Kök“, und als Guy Taylor und ich 1996 das FOOD eröffneten, habe ich ihn noch schokoladiger und saftiger gemacht. Sie können auch noch andere Geschmäcker mit hineinbringen, wenn Sie wollen.

24 Stücke

KUCHEN:
180 G WEIZENMEHL
540 G ZUCKER
60 G VANILLEZUCKER
1 ½ TL BACKPULVER
80 G KAKAO
75 G HASELNÜSSE, GEMAHLEN
2 EIER
150 G BUTTER, ZERLASSEN + BUTTER FÜR DIE FORM
250 ML SCHLAGSAHNE
SEMMELBRÖSEL FÜR DIE FORM

GANACHE:
100 ML RICIOTTO-DESSERTWEIN ODER ANDERER ROTWEIN
35 G BUTTER
300 G DUNKLE SCHOKOLADE

DEKORATION:
24 EINGEKOCHTE KIRSCHEN ODER BEEREN

Den Ofen auf 180 °C vorheizen. Zuerst alle trockenen Zutaten für den Kuchen in einer Schüssel vermengen. Dann alle flüssigen Zutaten untermischen. In eine viereckige gefettete und mit Semmelbröseln ausgestreute ofenfeste Form geben (ca. 25 × 25 cm). Ca. 20 Minuten auf mittlerer Schiene backen, bis sich um den ganzen Kuchen ein Spalt bildet, dann ist er perfekt. Abkühlen lassen.
Wein und Butter kochen, vom Herd nehmen und die Schokolade in Stücken zufügen. Zu einer glatten Creme rühren.
Den Kuchen in ca. 3 × 3 cm große Stücke schneiden, wie auf dem Bild auf ein Gitter legen und die Ganache darübergießen, sodass alles bedeckt ist. Mit eingekochten Kirschen oder anderen Leckereien belegen.

96.

BLUEBERRY CHEESECAKE BALLS

24 Stück

500 G FRISCHKÄSE
135 G ZUCKER
2 TL VANILLEZUCKER
2 EIER
100 ML BLAUBEERPÜREE
2 GELATINEBLÄTTER
100 G CRÈME FRAÎCHE
200 ML ZERKRÜMELTE DIGESTIVE-KEKSE
24 BLAUBEEREN

Den Ofen auf 150 °C vorheizen.
Frischkäse, Zucker, Vanillezucker, Eier und Blaubeerpüree in einer Schüssel vermischen.
Die Gelatine in kaltem Wasser einweichen.
Die Crème fraîche erhitzen. Die Gelatine ausdrücken und in die warme Crème fraîche einrühren, bis sie sich aufgelöst hat.
In die Frischkäsemischung einrühren.
Alles in eine Form gießen, mit Folie bedecken und auf mittlerer Schiene 1 Stunde backen.
Abkühlen lassen.
Die kalte Masse zu 24 Kugeln rollen und in Kekskrümeln wenden.
Die Kugeln mit Blaubeeren dekorieren.

Hultafors
Sweden

97.

MINIDONUTS

ca. 40 Stück

25 G HEFE
200 ML MILCH
65 G ZUCKER + ZUM WENDEN DER DONUTS
480 G WEIZENMEHL
1 TL SALZ
1 EI
½ ZITRONE, GERIEBENE SCHALE
35 G BUTTER
CA. 300–500 G FRITTIERÖL

Die Hefe in eine Schüssel bröckeln, die Milch auf 37 °C erwärmen und die Hefe darin auflösen.
Die restlichen Zutaten bis auf das Öl zufügen, zuletzt die Butter in Stücken.
Den Teig 10 Minuten in einer Küchenmaschine verarbeiten und 30 Minuten in der Schüssel gehen lassen.

Den Teig auf eine Arbeitsfläche geben, in 40 Stücke teilen und jedes Stück zu einer Wurst rollen, die dann zu einem Kreis geformt wird.
Unter einem Backtuch 30–55 Minuten gehen lassen.
Die Donuts auf jeder Seite 2 ½ Minuten in 170 °C heißem Frittieröl frittieren.
Auf Küchenpapier abtropfen lassen.
Die Donuts in Zucker wenden, während sie noch warm sind.
Nach Wahl garnieren, dafür eignen sich mehrere meiner Rezepte.
Auf dem Bild habe ich Schokoladenganache (S. 213), Key-Lime-Creme (S. 209), Frosting (60 g Puderzucker mit 2 EL Zitronensaft verrühren) und Apfelmus verwendet.

98.

LAKRITZ-PANNA-COTTA MIT ZITRONE UND EINGELEGTEM INGWER

6 Stück

500 ML SCHLAGSAHNE
2 EL LAKRITZPULVER ODER 10 STÜCKE SÜSSES LAKRITZ + LAKRITZSTÜCKE ZUR DEKORATION
1 TL GERIEBENER INGWER
1 ZITRONE, ZESTEN + ETWAS SCHALE ZUR DEKORATION
65 G ZUCKER
1 ½ GELATINEBLÄTTER
1 DAUMENGROSSES STÜCK INGWER
50 ML SIRUP

Die Sahne erhitzen, aber nicht kochen lassen.
Das Lakritz, den geriebenen Ingwer, die Zitronenzesten und den Zucker einrühren und weiter erhitzen, bis alles vermischt ist.
Die Gelatine in kaltem Wasser einweichen, ausdrücken und in die Panna-Cotta-Masse einrühren. Durch ein Sieb gießen und in z. B. 6 Whiskygläser füllen. Für mindestens 4 Stunden in den Kühlschrank stellen.
Währenddessen den Ingwer schälen, in dünne Scheiben schneiden und im Sirup weich kochen, ca. 5–10 Minuten. Auskühlen lassen.
Die Panna Cotta vor dem Servieren mit eingelegtem Ingwer, etwas Sirup, einem kleinen Stück Lakritz und Zitronenschale dekorieren.

99.

FRUCHTSPIESSE

1 Spieß/Person – machen Sie so viele, wie Sie wollen!

VERSCHIEDENE FRÜCHTE, IN STÜCKE GESCHNITTEN
AHORNSIRUP
1 ZITRONE
GERÖSTETE KOKOSFLOCKEN

Die Früchte auf Spieße stecken, mit etwas Ahornsirup beträufeln und etwas Zitrone darüberpressen. Die Spieße in gerösteten Kokosflocken wenden und sofort servieren.

100.

KEY LIME SPONGE MIT ERDBEEREN

ca. 30 Stück

180 G ZUCKER
200 G BUTTER, ZIMMERTEMPERATUR
30 G VANILLEZUCKER
4 EIER
200 G FEINES WEIZENMEHL
1½ TL BACKPULVER
KEY-LIME-CREME (SIEHE REZEPT SEITE 209)
15–20 ERDBEEREN, IN SCHEIBEN GESCHNITTEN
ZITRONENZESTEN
ZITRONENMELISSEBLÄTTER

Den Ofen auf 175 °C vorheizen.
Den Zucker, die Butter und den Vanillezucker schaumig schlagen.
Die Eier nacheinander hinzufügen und weiterschlagen.
Das Mehl und das Backpulver unterheben und alles zu einem gleichmäßigen Teig vermischen.
Den Teig in eine Kastenform gießen und auf mittlerer Schiene 30 Minuten backen.
Mit einem Holzstäbchen prüfen, ob der Kuchen durch ist.
Abkühlen lassen und wie ein Brot in Scheiben schneiden. Die Scheiben in kleinere Stücke schneiden.
Etwas Key-Lime-Creme und Erdbeerscheiben auf die Stücke geben.
Mit Zitronenzesten und Zitronenmelisse garnieren.

REZEPTREGISTER

VEGETARISCH

FISCH UND MEERESFRÜCHTE

FLEISCH UND GEFLÜGEL

SLIDERS/MINIBURGER

GEGRILLTES

BROT UND MEHR

KÄSE UND AUFSCHNITT

SÜSSES